بسم الله الرحمن الرحيم

El Hombre Y El Universo

El Hombre Y El Universo

UNA PERSPECTIVA ISLÁMICA

Edición Revisada

MUSṬAFĀ AL-BADAWĪ

IHYA
PUBLISHING

Impreso en los Estados Unidos de América.
Primera edición 2019

ISBN-13: 978-1-939256-03-4
10 9 8 7 6 5 4 3 2 1

Publicado por:
IHYA PUBLISHING
www.ihyapublishing.com

Distribuido por:
MUSLIM PUBLISHERS GROUP
www.MPGBooks.com
info@mpgbooks.com
(844) 674-2665 (MPG-BOOK)

Traducción del inglés: Belén Roncero
Prólogo: Emilio Alzueta
Revisión del español: Margarita Cortés
Revisión de la transliteración: Ouafa Haraja
Traducción del Corán: Abdel Ghani Melara Navío
Edición: Arleny Marte
Tipografía por: ARM (www.whitethreadpress.com)
Diseño de la portada por: Ana Féliz
Foto de portada por: Greg Rakozy

Contenido

PRÓLOGO 11
INTRODUCCIÓN 29

I. LA PERSPECTIVA ISLÁMICA 39
1. El Universo 41
2. El Hombre 59
3. Los Tiempos 91

II. EL OCCIDENTE 107
4. La Civilización Invertida 109

III. VALORES ISLÁMICOS NORMATIVOS 129
5. ¿Qué Es Una Norma? 131
6. Psicoterapia Islámica 163
7. Guerra 169

CONCLUSIÓN 183
BIBLIOGRAFÍA 189
ÍNDICE 191

CLAVE DE TRANSLITERACIÓN

Letra árabe	Nombre	Transcripción	Sonido
ا	ʾalif	ʾ	a, i, u
ب	bāʾ	b, B	B
ت	tāʾ	t, T	T
ث	ẕāʾ	ṯ,Ṯ	Z española
ج	Ŷīm	ŷ,Ŷ	J francesa
ح	ḥāʾ	ḥ,Ḥ	H aspirada
خ	Jāʾ	j, J	J
د	Dāl	d, D	D
ذ	ḍāl	ḏ, Ḏ	Dz
ر	rāʾ	r, R	R
ز	Zāi	z, Z	Z silbante
س	Sīn	s, S	S
ش	Šīn	š, Š	Ch francesa
ص	ṣād	ṣ, Ṣ	S enfática
ض	ḍād	ḍ, Ḍ	D fuerte
ط	ṭāʾ	ṭ, Ṭ	T fuerte
ظ	ẓāʾ	ẓ, Ẓ	D fuerte
ع	ʿain	ʿ	A gutural
غ	Gain	g, G	G gutural
ف	fāʾ	f, F	F
ق	Qāf	q, Q	K gutural
ك	Kāf	k, K	K
ل	Lām	l, L	L
م	Mīm	m, M	M
ن	Nūn	n, N	N
ه	hāʾ	h, H	H aspirada y suave
و	Wāu	w, W / u, ū	W / U
ي	iāʾ	y, Y / i, ī	Y / I

ﷺ "La paz sea con él"
Usado después de la mención del Profeta Muhammad.

رضي الله عنه "Que Allah esté complacido con él".
Usado después de mencionar a un Compañero del Profeta.

EL AUTOR

Musṭafā al-Badawī es uno de los principales traductores del mundo de textos islámicos espirituales. Es asesor psiquiatra y miembro del Colegio Real de Psiquiatras. Ha estudiado con muchos eruditos, el más importante de ellos el fallecido Ḥabīb Aḥmad Mašhur al-Ḥaddād. Sus traducciones incluyen entre otras: Libro de Asistencia, Las Vidas del Hombre, Dos Tratados, Las Invocaciones Proféticas, Grados del Alma. Reside en Medina.

PSICOLOGÍA
CONOCIMIENTO DEL ALMA, ENTRE LA TRADICIÓN ISLÁMICA Y LA CIENCIA MODERNA

Psicología significa, etimológicamente, conocimiento del alma. Según la tradición islámica, el ser humano está compuesto por un cuerpo visible y una esencia invisible (*laṭīfa*) que se manifiesta por medio del cuerpo y que está en relación con él, pero que es, en sí misma, de naturaleza espiritual. Esta esencia tiene cuatro dimensiones fundamentales, que organizan o aglutinan, por así decirlo, el resto de las facultades y tendencias[1]: [1] el espíritu (*rūḥ*), que, según el Corán, Dios insufla en el ser humano y que procede de un nivel ontológico superior y luminoso, llamado el mundo de los espíritus (*ʿalam al-arwāḥ*); [2] el corazón (*qalb*), que es el centro unificador del hombre, y que puede ser purificado e iluminado por el espíritu o velado por las malas acciones, las pasiones y el egoísmo; [3] el intelecto (*ʿaql*), la facultad que nos permite captar

1 Una presentación de estas dimensiones se puede encontrar en *Kitāb šarh aŷaʾib al-qalb* (*Libro de la Explicación de las Maravillas del Corazón*) de Abū Ḥamid al-Gazalī, el libro 21 del célebre *Iḥyā ʿulūm al-dīn* (*La Revivificación de las Ciencias Religiosas*), una de las obras capitales de la civilización islámica. Existe una traducción inglesa: *Marvels of the Heart*, Fons Vitae, 2010.

los primeros principios, asimilar conocimiento objetivo acerca de la realidad y gobernar las pasiones[1]; y [4] el alma (*nafs*), la manifestación personal y psíquica de la esencia humana—que abarca un espectro que va desde el alma dominada por la ignorancia, la pasión y el egoísmo (*al-nafs al-ʿammara*), hasta el alma purificada que es espejo del espíritu y los Nombres Divinos (*al-nafs al-kāmila*)[2].

En la perspectiva tradicional islámica, la psicología es, pues, una ciencia que trata de estas cuatro dimensiones y las facultades conectadas con ellas, así como de las relaciones que mantienen entre sí y su perfeccionamiento; de la manera de purificar el alma y limpiar el corazón; del desarrollo de las virtudes y su relación con los actos correctos; y de la etiología y curación de los desequilibrios psíquico-físicos. La aplicación práctica de esta ciencia, a lo largo de la historia, ha tenido dos manifestaciones principales e interrelacionadas. En primer lugar, está la conjunción de psicología, filosofía y medicina, que culmina en la obra de Avicena. Una de sus manifestaciones prácticas puede verse en la práctica de terapias holísticas—que integraban cuerpo, mente, emociones y espíritu—en las consultas médicas privadas o en los grandes hospitales del mundo islámico. Otra, en tratamientos más directamente psicológicos, como los que podemos encontrar en la obra del sabio del siglo IX Abū Zayd al-Baljī, *Masāliḥ al-abdan wa al-anfus* (*Beneficio de los cuerpos y las almas*)[3]—un libro con conceptos terapéuticos muy similares a ciertas ideas de la psicología moderna, y que nos sugiere las inmensas riquezas de una tradición médico-psicológica que en parte se ha perdido y en parte está pendiente de investigación.

1 El intelecto está acompañado por otras facultades cognitivas, tales como la intuición (*hads*), la imaginación (*mutajayala*) o la memoria (*ḏākira*), así como por la voluntad (*ʿirada*) y la atención o conciencia.

2 Estos cuatro aspectos no se corresponden con las categorías o facultades conceptualizadas en la psicología moderna, sino que van más allá, incluyéndolas al tiempo que situándolas en sus proporciones adecuadas. Un desarrollo adecuado precisaría de un espacio mucho más amplio que los límites de este ensayo introductorio.

3 Malik Badri, *Abu Zayd al-Balkhi's Sustenance of the Soul: The Cognitive Behavior Therapy of a Ninth Century Physician*, International Institute of Islamic Thought, 2013.

En segundo lugar, está la psicología espiritual de los maestros sufíes tanto en el tratamiento de las personas que acuden a ellos por alguna necesidad concreta, como en la educación integral de sus discípulos[1]. En ambas manifestaciones—pero sobre todo en la segunda—el mapa del ser humano delineado arriba, sobre la base de la Revelación, debe entenderse como un patrón sobre el que opera la inspiración que atiende a lo individual, a la necesidad de cada momento.

Desde esta perspectiva tan amplia, el panorama de la psicología moderna, con sus múltiples modelos y escuelas, se parece al célebre cuento sufí del elefante en la oscuridad. En el cuento—que aparece en el *Ḥadīqat al-Ḥaqīqa* de Sanai[2] y el *Maṯnawi*[3] de Rumi—seis hindúes sabios ciegos, inclinados al estudio, decidieron averiguar un día qué era un elefante. El primero en llegar junto al animal chocó con su lomo y dijo: «Ya veo, es como una pared». El segundo, palpando el colmillo, gritó: «Es tan agudo, redondo y liso que el elefante debe ser como una lanza». El tercero tocó la trompa retorcida y gritó: «¡Dios

1 En la tradición filosófica, de vocación sistemática, la psicología recibe el nombre de *ʿilm al-nafs*, entendiendo como *nafs* la totalidad de la esencia humana. En la tradición médica, la psicología es parte de la ciencia médica en su conjunto (*ḥikma*), como entendimiento de la dimensión psíquica (*quwwa al-nafsiya*), que interactúa con la física (*quwwa al-tabiʿiya*) y la vital o energética (*quwwa al-haywaniya*). En la tradición sufí, la ciencia no tiene un nombre propio, independiente del conocimiento del interior del ser humano (*maʿrifa al-qalb*) y su purificación (*tazkiya*), pero existe de forma implícita, como ocurre en el Corán y la Sunna. La psicología tal y como la hemos definido en el texto responde a la realidad global de este conocimiento tal y como estaba presente en el mundo islámico clásico. Esta distinción entre la realidad de una ciencia y su nombre es fundamental si queremos entender el mundo tradicional. Por ejemplo, en la tradición islámica no existe una ciencia que podamos llamar propiamente Estética—tal y como esta aparece en la obra de filósofos occidentales—, pero tal conocimiento existe en la realidad, como puede verse en el asombroso entendimiento—ontológico, estético y práctico—de la belleza en sufíes, filósofos y artistas o artesanos, así como en la presencia luminosa de esta en todos los ámbitos de las civilizaciones islámicas tradicionales.

2 *El Jardín Amurallado de la Verdad*, uno de los grandes poemas místicos persas, que influyó en Rumi.

3 La obra magna de Mevlana Ŷalaluddin Rumi, a la que el gran sabio sufí Ŷami dio el nombre de "El Corán en persa".

me libre! El elefante es como una serpiente». El cuarto extendió su mano hasta la rodilla, palpó el contorno y dijo: «Está claro, el elefante es como el tronco de un árbol». El quinto, que casualmente tocó una oreja, exclamó: «Aún el más ciego de los hombres se daría cuenta de que el elefante es como un abanico». Finalmente, el sexto, tocando la oscilante cola, dijo: «Os equivocáis: lo más parecido al elefante es una soga». Tras las diversas investigaciones e interpretaciones, el elefante en sí—la esencia invisible que constituye el ser humano—permanece en la oscuridad. Por citar una confirmación de esta idea, Joe Griffin e Ivan Tyrrel—dos importantes psicólogos contemporáneos, fundadores del enfoque holístico *Human Givens*—afirman: "Las estimaciones varían, pero actualmente hay al menos 400 modelos de 'terapia' en el mundo [. . .]. En otras palabras, la psiquiatría y la psicología están aún en un estadio primitivo de desarrollo. No es que las distintas escuelas psicológicas no contengan verdades útiles y aplicables, sino que "Cada vez que una nueva terapia para tratar con la aflicción humana es lanzada al mundo, inmediatamente inicia un proceso de atrincheramiento, metiéndose en un surco al desarrollar una filosofía sistemática que se aplica mecánicamente a toda persona con un problema"[1].

Tal diversidad, a menudo contradictoria, de enfoques y conclusiones no se debe tan sólo a la visión parcial y a menudo sectaria que denuncian Griffin y Tyrell, sino también a la epistemología que inevitablemente subyace en la psicología moderna. Esta se basa en la aceptación de ciertas formas de conocimiento—fundamentalmente la experimentación empírica y los constructos conceptuales basados en esa experimentación, a la vez alimentados por ella—y el rechazo de otras, no menos importantes: la Revelación, el conocimiento inspirado y los aspectos de la ciencia que, en el mundo tradicional, dependen no de la inducción, sino de los primeros principios metafísicos. La Revelación es la base fundamental de toda tradición religiosa; en el caso del Islam,

1 *Human Givens: A New Approach to Emotional Health and Clear Thinking*, Griffin and Tyrrell, Human Givens Publishing, 2013.

comprende el Corán y la Sunna o ejemplo del Profeta Muhammad ﷺ. Como nos dice Abū Ḥamid al-Gazalī, de la misma forma que el niño no puede entender los placeres de la sexualidad o los deleites del conocimiento intelectual, el ser humano—que está inmerso en un proceso evolutivo—no es capaz de entender el vasto universo que se abre ante el entendimiento espiritual de los profetas. El uso de ese conocimiento profético es vital para el desarrollo humano y—en el campo de la psicología—para entender la vastedad de lo que realmente somos. El conocimiento inspirado está arraigado en la Revelación y la luz de la profecía: su presencia es lo que distingue la actuación de un psiquiatra o psicólogo que utiliza los patrones de una cierta escuela, más su limitada experiencia e intuición, y la actuación de una persona que ha llegado a un nivel de evolución espiritual que le permite entender el ser humano y la situación que tiene delante de una forma mucho más amplia y con una inspiración certera. El rechazo de la tercera forma de conocimiento—la metafísica—requiere una explicación más detallada.

Cualquier estudiante de la historia de las ideas sabe que, desde Kant, Occidente—cuyos planteamientos dominan cada vez más el mundo globalizado—renunció como civilización a la posibilidad del conocimiento metafísico. La única fuente viable de conocimiento objetivo—se nos dice—es la ciencia empírica, algo presuntamente probado por el éxito tecnológico. Pero como todo verdadero científico sabe, la ciencia moderna se basa en presuposiciones que no pueden, en sí mismas, ser probadas científicamente[1]. La misma palabra "ciencia" es una reducción del significado del término latino original *scientia,* equivalente al griego *episteme,* que para Aristóteles denotaba el conocimiento obtenido a partir de los primeros principios, en sí mismos evidentes para el intelecto. Como es sabido, el desarrollo del método científico en el Renacimiento bebió directamente de los textos de los árabes, en gran parte a través de las traducciones realizadas en España[2].

1 La frase es de Albert Einstein, que ciertamente conocía los límites de la ciencia que tanto amaba.

2 Ver, por ejemplo, *Introduction to the History of Science*, George Sarton, Krieger

Pero para Avicena o al-Birunī el método científico no consistía tan sólo—como en nuestro tiempo—en la inducción y la confirmación—o falsificación—de teorías por medio del experimento. Este era, sin duda, un aspecto fundamental, pero que debía ser complementado por la deducción y la analogía a partir de los primeros principios de la metafísica. Avicena, cuya obra *Canon de Medicina* (*al-Qanun fī Tibb*) fue usada como libro de texto en universidades europeas hasta el siglo XVII[1], realizó extraordinarias aportaciones médicas basadas en la observación clínica y el rigor empírico, pero fue también un maestro de la metafísica y la filosofía de la ciencia. En el *Libro de la curación* (*Kitāb al-Šifāʾ*)[2], Avicena muestra la forma en que toda ciencia—en el sentido general, clásico—debe contar con principios y definiciones claros, así como estar enraizada en los axiomas de la metafísica—el conocimiento primero. Los creyentes en la unilateralidad de la ciencia en su sentido moderno pueden protestar de que esta segunda dimensión no es 'científica', sin darse cuenta de que la física, la química y la biología se basan—como hemos dicho antes—en presuposiciones epistemológicas y metafísicas, tales como la uniformidad de la naturaleza, o la distinción entre cualidades primarias—cuantificables—y secundarias—cualitativas—de los seres. Desde el punto de vista islámico—cuya piedra angular es el *tawhīd*, la unidad—todo conocimiento real es, a la postre, una vía hacia el conocimiento de Dios, la verdadera Realidad, el Ser Necesario del que proceden y dependen todos los seres contingentes del cosmos, y al que apuntan como signos (*ayāt*). Todo en el universo se encuentra en un estado de interdependencia y armonía, como manifestación del Uno del que procede la multiplicidad. Tal

Publishers 1975, y *Lo que Europa debe al Islam de España*, Juan Vernet, Acantilado, 2006.

1 Arnold C. Klebs, célebre médico y autor suizo de principios del siglo XX, describió el *Canon* como "uno de los fenómenos intelectuales más importantes de todos los tiempos".

2 Se trata de la gran obra metafísica de Avicena, que influiría poderosamente no sólo en la filosofía islámica, sino en la teología islámica (*kalām*), y en la filosofía y teología escolástica europea.

realidad ontológica se refleja, en el plano lógico y epistemológico, en la interdependencia de las ciencias, su articulación—como un árbol—a partir de las raíces de los primeros principios metafísicos, y su finalidad de retorno al conocimiento del Uno.

En la tradición teológica y metafísica islámica—que coincide ampliamente con otras tradiciones como la india, china o cristiana escolástica—las vías ciertas de conocimiento son cinco[1]: [1] los sentidos sanos (*al-ḥawāss al-salīma*); [2] el intelecto (*ʿaql*), cuya concepción es más amplia que la de la razón ilustrada; [3] las proposiciones que alcanzan veracidad al estar trasmitidas por múltiples cadenas de trasmisión (*mutawwatirāt*), tales como nuestro conocimiento de que Julio César o Asiria existieron; [4] la Revelación trasmitida por un profeta; y [5] la inspiración (*ilhām*), o develación interior (*kašf*),—tal y como es recibida por los santos (*awliyāʾ*) que siguen a los profetas, siempre que no contradiga los múltiples sentidos de la Revelación. El método experimental (*muŷarradāt*), es también una vía indispensable, pero que da lugar no a un conocimiento cierto sino—por razones que no podemos exponer aquí—, a un conocimiento altamente probable. Por otro lado, la Revelación—que en el Islam comprende tanto el Corán como la *Sunna* o ejemplo del Profeta—también pertenece, desde un cierto punto de vista, a la tercera categoría: de todos los libros revelados que nos ha legado la historia, solamente el Corán—el más reciente—ha

1 Estas vías, presentadas aquí de forma adaptada, son discutidas tanto en obras lógicas como teológicas en la tradición islámica. Ver, por ejemplo—por citar dos de las obras más estudiadas y difundidas en el mundo islámico clásico, *ʿAqāid* de al-Nasafī, con su correspondiente comentario por al-Taftāzānī. Estas vías no agotan las maneras de conocimiento—como la experimentación y su combinación con la conceptualización, o la intuición e inspiración de la persona común o del creyente (dependiendo de los campos). Se trata tan sólo de distinguir el conocimiento cierto (*qaṭiʿī*) del conocimiento probabilístico (*ẓannī*), que a su vez abarca un amplio espectro—desde el altamente probable, como ciertas trasmisiones de *aḥadīṯ* o el conocimiento científico, hasta la mera opinión subjetiva (*wahm*). Este rigor epistemológico, plasmado tanto en las ciencias trasmitidas como en las intelectuales, es uno de los grandes logros de la civilización islámica, y supera el rigor pretendidamente inigualable de la ciencia y el mundo académico moderno.

sido trasmitido desde el Profeta por medio de múltiples cadenas de trasmisión, de manera análoga a una información histórica.

Los principios primeros o metafísicos en los que debe basarse el árbol de las ciencias proceden, pues, de la Revelación—y su aclaración colegiada[1] por generaciones de sabios-; de la inspiración con la que los santos agraciados con conocimiento directo (*ma'rifa)* desgranan los múltiples sentidos de la palabra revelada y el universo; y del intelecto y de la observación reflexiva del cosmos y del ser humano. Principios tales como el hecho de que el mundo es fundamentalmente contingente y en constante dependencia del Ser Necesario, continuamente recreado por Dios desde la no-existencia, pero que—al mismo tiempo—el mundo es también una inacabable manifestación de los Nombres y Atributos Divinos. O que el ser humano es una síntesis—microcosmos—del universo—macrocosmos—, y que los Nombres Divinos manifestados de forma diversificada en la pluralidad del universo se resumen en el hombre: "Y Él (Dios) enseñó a Adán todos los Nombres" (*Corán*, 2:31). Desde el punto de vista islámico tradicional, una ciencia que sólo se base en la experimentación y no en primeros principios está abocada a la compartimentalización, así como a un conocimiento puramente instrumental, no enraizado en la naturaleza profunda de la realidad, ni en el propósito último del ser humano. La psicología—la ciencia del alma—propiamente dicha debe estar pues fundada en una antropología que reconozca la verdadera realidad del ser humano—que es siervo de Dios y completamente dependiente de Él; a la vez que su vice-regente (*jalīfa*) en el mundo. Al mismo tiempo, la antropología—como las ciencias del cosmos—tienen que enraizarse en la metafísica o ciencia de los primeros principios.

Durante siglos, la filosofía subyacente de la ciencia moderna fue lo que se ha venido en llamar "dualismo cartesiano", progresivamente teñido de materialismo. Según tal filosofía, el universo—y, por un

---

1 El principio de consenso (*iŷmā'*) entre los sabios es axial en la tradición islámica y sigue al Corán y la Sunna como uno de los fundamentos de la jurisprudencia islámica (*fiqh*).

creciente reduccionismo, finalmente también nosotros mismos—se limita a materia cuantificable, mientras la conciencia del observador científico permanece ante el mundo de leyes y números como una parte ajena e independiente, objetiva. Dejando a un lado la paradoja contradictoria de que muchos científicos pretendan reducir la conciencia a algo puramente material mientras siguen afirmando la objetividad y validez de su conocimiento, tal filosofía entró en crisis con el nuevo paradigma de la física cuántica, según el cual el observador no puede ser separado de lo observado. En términos islámicos, el ser humano y el universo se reflejan mutuamente porque son la manifestación de un principio único superior: lo Divino.

> Les mostraremos nuestros signos en los horizontes y en ellos mismos hasta que vean claramente que es la Verdad (*Corán*, 41:53).

En el caso de la psicología, sin embargo, se añade otra complicación, ya señalada por C.G. Jung[1]: el objeto de la psicología es la esencia interior del ser humano, pero esta también es su sujeto. La atomización y provisionalidad de la psicología moderna tienen mucho que ver con esta dificultad intrínseca. ¿Cómo poder ver nuestro propio rostro? Desde la perspectiva clásica del Islam, para ello se precisan tres cosas: primero, se requiere un espejo; segundo, un entendimiento que pueda juzgar de manera correcta y objetiva; y tercero, una luz que ilumine tanto el espejo como la persona reflejada en él.

El espejo—indispensable para completar la introspección, reflexión y observación de nosotros mismos—tiene dos aspectos. En primer lugar están los otros seres humanos, no fundamentalmente como objeto de investigación científica, sino como ejemplo vivo—siguiendo el principio de que todos los hombres parten de un mismo arquetipo que admite diversos grados de evolución o desarrollo, culminando en los profetas y los santos[2]. En segundo lugar está el universo mismo, que

1 *Psicología y religión*, C. G. Jung, Paidós, 2011.

2 Un conocido ḥadīṯ profético dice: "El creyente es el espejo del creyente" (*al-mu'minu mira'ātu-l-mu'min*). Esta tersa frase contiene múltiples niveles de significado. Uno de

debemos estudiar no sólo de forma instrumental, sino—en su papel de macrocosmos del microcosmos humano—para entendernos a nosotros mismos y conocer a Dios. Por otro lado, el entendimiento no es solo la razón discursiva y su aplicación experimental, sino el intelecto capaz de conocer los axiomas o primeros principios, así como la intuición, la inspiración y las formas superiores de conocimiento. Por último, la luz es la Revelación—el Corán y la Sunna—sin los cuales no podemos conocernos verdaderamente, porque constituyen una explicación de nuestro origen y naturaleza; un modelo de las posibilidades de perfección del ser humano (*sunna*); y un mapa completo de los mundos visibles e invisibles y de las dimensiones del ser humano.

En la tradición islámica, la psicología participa tanto de las ciencias intelectuales y experimentales (*al-ʿulūm al-ʿaqliya*) como de las ciencias trasmitidas (*al-ʿulūm al-naqliya*), al constituir una dimensión integrada en el Sufismo o ciencia del *iḥsān*. Según el famoso relato profético (*ḥadīṯ*) de Ŷibrīl—conocido en la tradición como *umm al-aḥadīṯ*, el fundamento de los relatos proféticos—el camino de la religión (*dīn*) consta de tres dimensiones sin las cuales no podemos entender cabalmente lo humano: nuestros actos en sumisión a Dios (*islām*), nuestra fe y entendimiento correcto de la Realidad (*īmān*), y nuestra purificación, virtud y ascenso espiritual (*iḥsān*). La conexión entre estas dimensiones es fundamental para la psicología. Como mantiene la moderna escuela cognitiva-conductista, los actos y la cognición afectan el estado interior, pero—más allá de los reducidos postulados de esta escuela—existe una ciencia del conocimiento de la verdadera realidad (*ʿaqīda*) y de la acción correcta, en armonía con el mandato divino (*fiqh*). Así mismo, la curación de los desequilibrios psicológicos

ellos hace referencia a la necesidad de interacción con otras personas para conocernos a nosotros mismos; otro, señala un aspecto de la relación entre maestro espiritual y discípulo. Un tercero, según algunos intérpretes, considera que uno de los dos términos se refiere a Dios mismo—uno de cuyos nombres revelados es *al-Muʾmin*. Así, al tiempo que "quien se conoce a sí mismo conoce a su Señor"—según el célebre *dictum* sufí—, sólo quien conoce a Dios—aunque sea en el nivel básico de la fe—puede aspirar a conocerse realmente a sí mismo.

no puede ser independiente del cultivo de las virtudes (*ajlāq*), pues estás constituyen el estado de equilibrio y recta dirección de las tendencias del hombre; ni tampoco de la purificación del corazón—a través de la cual la luz del espíritu, el mundo angélico, y los Nombres Divinos pueden restablecer la integridad y el orden del reino humano desde su centro mismo.

Por otra parte, no es posible separar el alma del cuerpo mientras dure esta vida. Aunque la tradición psiquiátrica moderna occidental ha abordado esta conexión desde un enfoque mecanicista y reduccionista y el uso dudoso de medicación química, cada vez es más obvio para muchos que tanto la psicología como la medicina no pueden separarse de un entendimiento integral de la persona, en sus aspectos, físicos, energéticos, emocionales, mentales, sociales y espirituales. En el estudio de esta conexión son útiles tanto los modernos descubrimientos en torno al cerebro o al sistema nervioso y endocrino, como enfoques holísticos contemporáneos o tradicionales. Entre estos últimos destacan no sólo la medicina china y ayurvédica—bien conocidas ya en Occidente—, sino también la griego-islámica (*ʿunanī*), que fue la medicina históricamente más extendida en el mundo islámico, y, que, de forma más reducida, aún sigue viva. Estas tradiciones médicas combinan siglos de evidencia empírica con paradigmas integrales basados en lenguajes cosmológicos—como los cuatro elementos—probablemente procedentes de revelaciones antiguas. Pese a su diferencia de lenguaje e interpretación con respecto a la ciencia moderna, constituyen no sólo su complemento—como otras terapias holísticas contemporáneas—sino una puerta a nuevos hallazgos dentro del marco mismo de la ciencia. Ante todo, ofrecen un impresionante registro de curación y prevención. Durante siglos, los grandes hospitales islámicos—en Turquía, en Egipto, en Andalucía—incluían secciones psiquiátricas en las que las enfermedades eran tratadas por medio del restablecimiento del equilibrio energético o humoral, la aromaterapia y la música[1]. Hoy

1 Una hermosa exposición de la forma en que se aplicaban estos principios y tra-

podrían usarse otros métodos: lo importante, a la postre, es el enfoque y el entendimiento holístico, y la virtud de los resultados.

Famosamente, el Profeta ﷺ dijo: "Buscad conocimiento incluso en China". Desde el comienzo, el extraordinario abanico de civilizaciones islámicas supo integrar lo beneficioso de las culturas y civilizaciones con las que entró en contacto: desde la India y China, pasando por Persia, hasta Bizancio, Grecia y Roma. Allí donde se hallaba una ciencia útil, esta era integrada en la cosmovisión coránica y profética, que—a su vez—estaba considerada como la síntesis totalizadora de las revelaciones y caminos espirituales anteriores. Los sabios y científicos debían articular los principios de las ciencias, enraizándolos en los primeros principios y "quitando los nudos del alma", distinguiendo lo cierto de lo falso, lo útil de lo nocivo. Pues el fin último de la Revelación, y, en segundo término, de todo conocimiento útil no es otro que el bien del ser humano, en esta vida y en la otra. Este espíritu sintético y totalizador empezó a marchitarse, sin embargo, con la llegada del colonialismo occidental, en el siglo XVIII. El choque con la modernidad, unido al progresivo deterioro de las instituciones tradicionales de enseñanza del mundo islámico hicieron que la genialidad con que siglos atrás se habían absorbido, aclarado y desarrollado las disciplinas de la antigua Grecia o Persia desapareciera ante la acometida de las ciencias del mundo moderno. Había, además, otra razón importante: mientras que las civilizaciones antiguas estaban basadas en una visión metafísica y sagrada—reflejo de un mensaje profético original, aunque luego hubiera sido parcialmente deformado—, la civilización moderna se basa, en buena medida, en el rechazo mismo de lo metafísico y lo sagrado, paulatinamente expresado en modos tan diversos como la amenaza ecológica, la hiper-especialización y desconexión de las ramas del conocimiento, la fealdad urbana y la banalización de lo humano. La dificultad, sin embargo, no es excusa para lo que, más que nunca, es una necesidad imperiosa: desde el Corán y la Sunna, desde

tamientos puede verse en el Hospital-Museo Beyazit Kulliyesi de Edirne, en Turquía.

los primeros principios, desde la grandeza y vastedad de la tradición islámica, los sabios y expertos bien enraizados en la trasmisión profética (*silsila*) y en el conocimiento de sus especialidades pueden y deben proveer un mapa interconectado y válido para las distintas ciencias y disciplinas humanas, separando el grano de la paja y estableciendo las proporciones correctas.

Un mapa tal es el que nos puede permitir, en el ámbito de la psicología, distinguir los errores fundamentales de las diversas escuelas contemporáneas, al tiempo que integramos sus descubrimientos e intuiciones útiles, aunque estén circunscritas a un espectro más limitado del ser humano. En este sentido, cabe distinguir dos aspectos de la psicología moderna. En primer lugar, está la dimensión teórica. Esta incluye muchos hallazgos importantes, pero, en su intento global de comprensión del hombre, está lastrada por carencias epistemológicas fundamentales. Incluso los ensayos por parte de las diversas escuelas de psicología transpersonal—desde Assagioli hasta Wilber—por incluir en el objeto de la ciencia de la psicología la dimensión espiritual de la persona, resultan insuficientes—cuando no distorsionados. Como expusimos antes, la luz, el espejo y el entendimiento que muestran la realidad del ser humano no podrán proceder nunca de los esfuerzos aislados de psicólogos y escuelas. Se precisa un ámbito más elevado que tiene su origen último en la manera en que Dios mismo, por medio de la Revelación, nos instruye acerca de Él, el mundo, nosotros, y nuestro origen y destino. Por desgracia, muchos psicólogos musulmanes instruidos en universidades dominadas por las concepciones de la psicología moderna—a veces, las más materialistas y reduccionistas—no conocen suficientemente bien su tradición como para criticar e integrar lo que han aprendido de manera sofisticada.

En segundo lugar, está la dimensión práctica de la psicología moderna, centrada fundamentalmente en el tratamiento terapéutico de las disfuncionalidades. En un cierto sentido, este aspecto puede medirse por medio del indicador empírico y directo del efecto en la persona tratada, más allá de escuelas y sistemas. Aunque el terapeuta parta de ellas, lo que realmente resulta importante—como nos recuerda Robert Ornstein, pionero en el estudio del cerebro[1]—es la persona misma del terapeuta, su conexión con el paciente, y la ductilidad con la que usa un banco de métodos y ángulos diversos para tratar cada caso individual. Por ello, los enfoques psicológicos holísticos y flexibles—como el mencionado *Human Givens*, o la combinación de psicología y medicina integral—resultan más funcionales y de uso más compatible con los amplios paradigmas de la psicología islámica tradicional.

Por desgracia, nuestra civilización cae tanto en el reduccionismo como en la generalización. La psicología práctica moderna—desde la terapia a los innumerables libros, blogs o vídeos de autoayuda—con frecuencia suplanta en nuestra cultura el papel que en el mundo tradicional desempeñaban no sólo el sabio, sino incluso la persona mayor y de experiencia. Como en el caso de la medicina alopática, se tiende a hacer a las personas dependientes de médicos y psicólogos, en vez de crear una sociedad donde la prevención, el autoconocimiento, la raigambre espiritual y los mecanismos sociales y familiares de apoyo vuelvan a los hombres más independientes y sanos. La psicología invade incluso el campo de la espiritualidad: vivimos en una civilización espiritualmente anémica, y al mismo tiempo inundada de los estímulos y ofertas del mercado—en este caso el del crecimiento personal y la experiencia pseudorreligiosa. Desde la perspectiva tradicional islámica este fenómeno es una manifestación más de la prevalente falta de equilibrio y proporción entre las ciencias y dimensiones de lo humano.

Lo cierto es que, tanto en el ámbito teórico como en el práctico, no son muchas las obras que hayan tratado de revivificar, aclarar e integrar los conceptos, hallazgos y métodos de la psicología moderna dentro de ese profundo y vasto mapa del ser humano que nos ofrece la tradición islámica. Las posibilidades, sin embargo, permanecen abiertas en dos direcciones fundamentales. Por un lado, está la vía de contribuir al discurso de la psicología moderna desde la tradición islámica: algo que

1 Robert Ornstein, *The Mind Field*, ISHK, 1993.

implica aceptar las reglas del juego de un cierto reduccionismo, mayor o menor dependiendo del ámbito de acción[1]. Pongamos un ejemplo: el alma (*nafs*)—que antes definimos como la manifestación personal y psíquica de la esencia humana—abarca, según la ciencia tradicional del Sufismo (*taṣawwuf*), un espectro evolutivo de siete niveles. Los cuatro primeros son [1] *al-nafs al-ʿammara,* el alma compulsiva e ignorante, que ordena lo que apetece—sea bueno o malo—y todo lo contempla desde un ángulo condicionado y egoísta, rechazando la servidumbre fundamental del ser humano (*ʿubudiya*); [2] *al-nafs al-lawwama,* el alma que, guiada por la Revelación y la conciencia, es capaz de reconocer sus errores y limitaciones, de arrepentirse, rectificar, y tratar de crecer; [3] *al-nafs al-mulḥima*, el alma que recibe el beneficio de la Revelación y el intelecto—al poner en práctica sus mandatos y lecciones—, así como las inspiraciones angélicas del corazón espiritual, pero todavía no ha hallado estabilidad espiritual; y [4] *al-nafs al-muṭmaʾina*, el alma serena, en la que las virtudes han arraigado, y que se encuentra de forma estable bajo la égida de la Revelación, el intelecto y el corazón, habiendo sido iluminada por su luz[2]. Aunque este espectro corresponde, estrictamente hablando, a la evolución de una persona cuyo corazón reconoce a Dios—por medio de la luz de la fe o *īmān*—y está sometido a las órdenes divinas, su huella está presente en todo ser humano. Esto es así porque una norma metafísica es que los principios de la realidad operan en ella aun cuando el ser humano los ignore. Es decir, en la configuración psicológica de cualquier ser humano existe este patrón que, aun de una forma limitada, permite ver la mejoría de

1 Una interesante contribución en esta vía es la de *Heart, Self and Soul: The Sufi Psychology of Growth Balance and Harmony* (Quest Books, 1999) de Robert Frager, fundador de la Sofia University en California, y uno de los más importantes exponentes de la escuela de psicología transpersonal. Como Frager menciona en el prólogo a esta obra, en los siglos de tradición islámica hay más riqueza empírica de conocimiento del ser humano que en la corta vida de la psicología moderna occidental.

2 Esta es el alma a la que Dios se dirige de forma directa, ordenándola retornar a Él, con las alas del amor, el conocimiento inspirado, y el ejemplo profético interior y exterior, y bajo la guía de un maestro perfecto. Corán, 89:27, 30.

personas prisioneras de compulsiones, pasiones y prisiones psíquicas, que son capaces de darse cuenta de ellas y transformarlas, para llegar a vivir en un estado de razón, creatividad, espontaneidad e inteligencia emocional. Esta es una ilustración—entre otras posibles—de cómo los paradigmas de la psicología islámica—que tratan del ser humano en su realidad completa—pueden adaptarse a situaciones existenciales más limitadas.

La segunda vía de contribución es exponer el paradigma de la psicología islámica clásica para los musulmanes contemporáneos, integrando en ella, de forma adecuada, contribuciones útiles de la psicología moderna. *El hombre y el universo: una perspectiva islámica* de Muṣṭafā al-Badawī es un ejemplo eminente de esta categoría. Por un lado, expone principios y conocimientos metafísicos, antropológicos, cosmológicos y psicológicos fundados en el Corán y la Sunna, así como en las obras de grandes sabios y maestros sufíes como Abū Ṭalib al-Makkī o Imām al-Gazalī. Por otro, sitúa en este marco ciertas contribuciones de la psicología moderna. No cabe duda de que al-Badawī es un autor especialmente cualificado para esta empresa: a sus décadas de experiencia como psiquiatra une un profundo conocimiento de la tradición islámica—especialmente su dimensión espiritual—así como una fecunda y exquisita labor de traducción al inglés de las obras de uno de los grandes santos y gnósticos (*awliyā'*) de la *umma*, el yemení Imam al-Haddad.

La presente traducción al español, a cargo de Belén Roncero, constituye una gran contribución a la todavía exigua bibliografía islámica en lengua castellana. Para el público en general, el libro puede ser una puerta por la que adentrarse en el universo de la psicología islámica y—en general—de la psicología tradicional sagrada. Para los musulmanes—cada vez más frecuentemente desvinculados de los principios metafísicos y la profundidad de su propia tradición—el libro es una oportunidad de recordar la manera en que el árbol del verdadero conocimiento—de Dios, del universo, del ser humano—se enraíza, crece y da fruto:

¿No has considerado como Dios presenta un ejemplo, una palabra buena como un árbol bueno, cuyas raíces son firmes y cuyas ramas (se despliegan) en los cielos? Da fruta todo el tiempo, con el permiso de Dios. Y Dios presenta ejemplos a los seres humanos, para que acaso así recuerden. (*Corán*, 14:24–25).

EMILIO ALZUETA

Introducción

El hombre, siendo la criatura más capaz de conocer y entender, correctamente se le puede llamar la conciencia del universo.

El universo, rodeándole visible e invisiblemente, contiene las señales y los medios a través de los cuales sobrevive y satisface su potencial de conocimiento.

Dios, el Absoluto, ha creado la miríada de mundos: desde las microscópicas partículas subatómicas, hasta las galaxias rotantes y los mundos invisibles con todas sus criaturas, niveles y modos. Creó lo que conocemos y lo que desconocemos. El hombre ha sido dotado de una inteligencia completa que, cuando se ejercita según las leyes del Absoluto, puede comprender las leyes cósmicas que gobiernan la creación: aquellas que definen el lugar que el hombre ocupa en ella y las que le llevan al conocimiento de Dios mismo.

Para materializar este potencial al máximo y elevarse del conocimiento de lo relativo al conocimiento del Absoluto, el hombre ha sido guiado con sucesivos mensajes divinos enseñados por los mensajeros, los hombres más perfectos, aptos para recibir y transmitir la guía divina. El mensaje mismo ha representado siempre una afirmación de la unidad, transcendencia y omnipotencia divina y una invitación a la humanidad a someterse al Bien Supremo y disfrutar de los consecuentes beneficios que esto conlleva.

Aquellos mensajeros divinos que poseían una escritura se convirtieron en fundadores de religiones, estableciendo una adoración formal del Absoluto y la observación de Su ley sagrada en una comunidad en particular o lugar geográfico determinado. Otros emisarios divinos fueron enviados cada cierto tiempo para revigorizar las religiones cuando sus seguidores se encontraban en peligro de desviarse de ellas o de abandonarlas por completo.

Las religiones se encuentran siempre en su forma más pura y dinámica durante la vida de sus fundadores, considerándose entonces como el apogeo de estas, después del cual se debilitan. Como se mencionó anteriormente, el deterioro se retrasa gracias a los profetas, sin embargo cada religión se va debilitando poco a poco hasta que muere.

Los antiguos conocían bien las leyes que gobiernan el nacimiento y muerte de las religiones, así como el criterio requerido para distinguirlas entre vivas, en decadencia y muertas. Actualmente este conocimiento se encuentra solo en la última religión viva, el Islam, y aún así, solo dentro de una minoría muy reducida de musulmanes. El resto de la humanidad ni siquiera sospecha que exista tal conocimiento.

Al igual que otras religiones, el Islam no se ha librado de un deterioro gradual. Sin embargo, es la última en Revelación y única en contar con un Libro Sagrado incorruptible, el Corán. Esta es la razón por la cual los musulmanes hasta hoy en día saben que deben vivir su vida, en los más pequeños y ordinarios detalles, según la orden divina. Y más importante aún, todavía cuentan con las fuentes originales en las que se encuentran patrones de comportamiento claramente delineados. Saben que la respuesta a todas las preguntas, pequeñas o grandes, que dejan perplejo al ser humano, se encuentran en su Libro.

En consecuencia, para hablar del hombre y el universo es necesario recurrir a las fuentes islámicas ya que solo la perspectiva islámica conserva en términos generales y en detalle el vigor pleno de la sabiduría recibida de Dios. Si buscásemos este conocimiento en algún otro sitio nos enfrentaríamos a innumerables problemas. Un rápido vistazo a las fuentes originales de otras religiones revela que la distancia entre ellas y el hombre moderno es tan vertiginosa que las hace indescifrables.

Añadamos a esto el dato histórico de que estas fuentes han sido además claramente alteradas y están llenas de contradicciones.

Las diferencias originales entre una religión y otra aparecen en sus leyes sagradas, cada una prescrita para un tiempo y un lugar en particular. La ley sagrada es la que regula la relación entre el hombre y su Creador y entre los seres humanos. Estas leyes, recogidas en una escritura revelada, deben por consiguiente incluir patrones de adoración y de interacción social.

El último mensaje divino se envió a través del último y más perfecto de entre los mensajeros divinos, Muḥammad, que las bendiciones del Absoluto y la paz estén con él. El mensaje, al igual que todos los anteriores, afirma unidad, transcendencia y omnipotencia divina. La última escritura sagrada es el Corán, que al contrario que las anteriores, ha sido preservada palabra por palabra desde su revelación. El Corán se encuentra en una posición única porque su Revelador, el Absoluto, ha garantizado su integridad hasta el final de los tiempos. Estas afirmaciones son hechos históricamente verificables.

Siendo esta la situación, los musulmanes son los últimos depositarios del conocimiento revelado en este planeta y seguirán siendo el tesoro de la sabiduría sagrada durante la existencia de los seres humanos en la tierra. La perspectiva islámica no es y no puede ser diferente del espíritu de la sabiduría original que constituye el corazón de las revelaciones anteriores, porque la fuente de todas las revelaciones y la esencia de todos los mensajes son una. Sin embargo, necesitamos ir más allá de las formas para percibir el significado y entender la unidad subyacente. Desafortunadamente, el hombre moderno es incapaz de llevar a cabo esta tarea.

Desde la brutal irrupción del Occidente en el mundo islámico, hace ya dos siglos, los musulmanes se han visto obligados a enfrentarse al gran reto de vivir y sobrevivir espiritualmente en un ambiente cada vez más hostil. Algunos han salido adelante mejor que otros. Los *ʿulamāʾ*, los eruditos tradicionales del Islam, fueron en su mayoría, salvo algunas excepciones notorias, inmunes a la influencia de este pensamiento extraño y llevaron a cabo por consiguiente una extendida batalla de retaguardia. Sin embargo, las masas, cuyo conocimiento de los principios en el mejor de los casos era elemental, se dejaron llevar por esta oleada de occidentalización, perdiendo en el proceso lo poco que tenían. Por consiguiente, privadas de los medios para evaluar lo que se les presentaba como conocimiento "científico", fueron vulnerables a todo tipo de subversión. Las primeras víctimas de este peligro fueron los más "educados": políticos, profesores universitarios, escritores, periodistas, doctores y otros profesionales. Estos, la élite del mundo, fueron los más vulnerables. Su educación les dotó de una mentalidad superficial y su posición social les dio un falso sentido de superioridad, al considerarse la vanguardia del "progreso" en sus países. Estos factores acabaron con el poco conocimiento sagrado que poseían y les hizo aliados inconscientes de las fuerzas coloniales a las que pensaban estar oponiéndose.

Aunque la nefasta naturaleza de la "máquina" de la cultura ha sido lo suficientemente expuesta y muchos ya no se encuentran bajo su hechizo, es demasiado tarde para intentar una vuelta atrás al modelo anterior a la occidentalización. Los musulmanes no tienen otra opción que estudiar la situación actual y empezar por donde se encuentran.

La reacción actual del mundo islámico contra el materialismo y la inmoralidad occidental ha generado varios intentos de islamizar varias actividades y ha llevado a la aparición de opiniones muy divergentes en cuanto a cuál es la mejor manera de llevar a cabo la restauración de la integridad islámica. Estas opiniones varían desde el denominado punto de vista fundamentalista, con su superficial entendimiento del Islam como un conjunto de reglas referentes puramente a las dimensiones externas de la religión y además con un afán de imponer o incluso hacer cumplir este conjunto de reglas a los demás, hasta una perspectiva modernista disfrazada de Islam. Esta última, proclama que, dado que el Islam puede aplicarse a todos los tiempos y lugares, debe por consiguiente aceptar indiscriminadamente cualquier cosa procedente de Occidente y simplemente reasignar a cada cosa una etiqueta árabe, como si esta etiqueta fuera suficiente para cambiar su carácter anti-islámico. La mayoría de los musulmanes, sin embargo, se encuentran perdidos, incapaces de decidir qué aceptar o qué rechazar y según qué principios.

La habilidad de discriminar entre lo que es inaceptable asimilar en el Islam y lo que se puede aceptar sin causar daño, se debe basar en un entendimiento sólido de sus principios. Desafortunadamente, la mayoría de los musulmanes han llegado a un punto en el que ni siquiera saben qué son los principios. Los pocos intentos que se han llevado a cabo en años recientes para restaurar el conocimiento islámico en términos que puedan entenderse con la mentalidad actual, han fracasado debido justamente a esta inhabilidad. Mucha gente "educada" piensa hoy en día que un rápido conocimiento de la religión les da el derecho de hablar en su nombre y a oponerse a autoridades religiosas altamente reconocidas, cometiendo equivocaciones monumentales.

Escuchamos continuamente que el Islam fomenta la "ciencia", y los *hadices*[1] pertinentes al tema se difunden en los medios de comunicación, sin embargo, de forma metódica se bloquea y se evita que llegue al público cualquier intento de definir con claridad a qué tipo de ciencia se refieren los *hadices*. La sugerencia que constantemente se presenta en los medios de comunicación, es que al buscar el conocimiento mundano a expensas del conocimiento revelado, uno todavía está cumpliendo perfectamente con los *hadices* en cuestión.

Esto es tan común que, mientras anteriormente el término *ʿālim* se aplicaba solo a un erudito religioso, hoy en día se usa casi exclusivamente para el experto en ciencia moderna. Se expande deliberadamente en todo momento el abismo entre la doctrina del Islam y sus consecuencias prácticas. El tipo de razonamiento que se necesita para deducir, por ejemplo, de la doctrina de la Unidad de Dios que debemos amar al prójimo, parece estar fuera del alcance de la mayoría de las personas de hoy en día.

---

1 Un ḥadīṯ es una tradición profética, una afirmación del Profeta ﷺ.

Solo unos pocos musulmanes han sido capaces de aportar a la reconocida educación occidental actual un conocimiento religioso lo suficientemente profundo como para iniciar la restauración de los principios islámicos en el lenguaje actual. Por ejemplo, los pocos intentos llevados a cabo en años anteriores para formular una psicología islámica, una tarea necesaria para la definición del hombre, no han alcanzado todavía ningún grado de profundidad. La mayor parte de lo que se ha escrito hasta ahora no representa sino recopilaciones de citas del sagrado Corán y de *hadices* sobre el alma (*nafs*) o el corazón (*qalb*) que ni organiza este conocimiento, ni aporta conclusión alguna. Otros escritos vuelven a exponer, más o menos, la teoría occidental en terminología islámica. Existe una carencia patente del uso de las fuentes tradicionales, debido quizás a la inhabilidad de los escritores para entender estas fuentes en sus propios términos, o incluso porque desconocen su existencia y por su creencia de que la psicología es algo inventado por Occidente. La situación es la misma en el campo de la sociología, la política, la historia y otros. Tiene poco sentido ahora profundizar en la historia de la psicología islámica, excepto para decir que ha sido formulada en detalle por eruditos vanguardistas, entre ellos, Imām al-Gazālī[1] y filósofos como Ibn Sīnā (Avicena)[2]. El vocabulario de estas escuelas difiere y hay términos tomados del griego, aún así, ambas presentan sus ideas cuidadosamente delimitadas, por lo que son enteramente compatibles con los principios revelados.

Un principio es aquello que no depende de nada fuera de sí y del que dependen otras cosas, o aquello de lo que derivan las cosas y que a su vez no deriva de nada. Estrictamente hablando, el único Principio es Dios. Sin embargo, llevado a un sentido más relativo, el término

1 Imām Abū Ḥāmid al-Gazālī (F. 505 AH/1111 DC), conocido como "La Prueba del Islam", era el erudito más destacado de su época y todavía influencia el pensamiento y estudio Islámico. Es el autor de la conocida "*Iḥyā ʿUlum al-Dīn* "*La Revivificación de las Ciencias Religiosas*".

2 Ibn Sīnā fue el filósofo musulmán más peripatético, además de uno de los médicos más famosos del mundo (F. 432 AH/1037 DC).

puede usarse para definir leyes universales e inmutables de las que derivan otras más limitadas, las cuales a su vez, son principios de leyes incluso más limitadas. Cuanto más bajo es el nivel, menos cambia y más restringido es el significado.

Ninguna teoría puede tener validez real a menos que esté basada en principios derivados de la Revelación. No puede haber excepciones a esta regla porque estos principios son universales y deben gobernar el estudio de cualquier ciencia, por muy material que sea. Este es el único modo de garantizar suficiente objetividad en cualquiera de las ramas del conocimiento y prevenir su contaminación por el prejuicio humano y las inesperadas calamidades que puedan surgir debido a una aplicación errónea de este conocimiento. El sagrado Corán dice: *¿Acaso no ves cómo Dios compara la buena palabra con un árbol bueno cuya raíz es firme y cuyas ramas están en el cielo?; Da su fruto en cada época con permiso de su Señor. Allah pone ejemplos a los hombres para que así recuerden.* (14:24–25). Las raíces o principios son firmes porque brotan de la palabra divina, y su fruto es por lo tanto abundante y sano. Por el contrario, sin esta firme implantación, el árbol sin raíces será inestable, enfermo y sin beneficio: *Pero una mala palabra se parece a un árbol malo que está desenraizado sobre la tierra, sin estabilidad* (14:26).

El propósito de este libro es definir al hombre en relación con el universo. Por lo tanto, debe ofrecer al lector la doctrina islámica con respecto a la estructura del ser humano y el universo, y debe situar al hombre en tiempo y espacio, como individuo y en su contexto social. Esto presenta así un marco de referencia con el que medir y evaluar el conocimiento empírico.

La definición de la situación del hombre según la perspectiva islámica es valiosa para los musulmanes y para gente de otras creencias. Los musulmanes que son psicólogos, psiquiatras y otros profesionales de la salud mental, sociólogos, antropólogos, historiadores y otros, deberían encontrar en ella la infraestructura doctrinal necesaria sobre la cual establecer la teoría y la práctica islámica, mientras que sus colegas no musulmanes deberían encontrar en ella una estimulante perspectiva mucho más profunda que cualquier otra a la que estén acostumbrados. No hay nada demasiado técnico en este libro y el mensaje que contiene es universal. El público en general, especialmente los musulmanes occidentalizados y los no musulmanes interesados en la espiritualidad tradicional, deberían encontrar en esta breve pero completa exposición de la doctrina islámica la respuesta a muchas de las cuestiones actuales. De todas formas, se debe puntualizar desde el principio, que un libro de este tamaño no puede hacer justicia a un tema tan vasto. Por lo tanto, cuando el lector interesado haya entendido las ideas básicas del libro, deberá llevar a cabo un esfuerzo adicional para ampliar su entendimiento de cada área y obtener la competencia necesaria para poner en práctica este conocimiento. La ayuda de un profesor cualificado es casi siempre requerida en tales asuntos.

El conocimiento que contiene este libro se ha extraído de las fuentes más autorizadas; el libro se basa enteramente en el sagrado Corán y el *ḥadīṯ*. En este objetivo, no hay cabida para la opinión personal y la conjetura está expresamente prohibida, especialmente en lo que concierne a los principios, sin embargo, en lo que se refiere a los detalles de las aplicaciones prácticas, se permite más apertura. Por lo tanto, ya que el libro trata fundamentalmente de los principios, nada de ello constituye mi propia teoría. El orden jerárquico de las virtudes en el capítulo de las virtudes y vicios es bastante idiosincrático, como resultado de la búsqueda de simplicidad conceptual; sin embargo la definición y la relevancia de las virtudes son enteramente tradicionales. Me he basado extensivamente en el trabajo de Imām al-Gazālī, en parte porque llevó a cabo precisamente la tarea que se necesita repetir hoy en día. Tuvo completo dominio de los filósofos griegos y otras escuelas de relevancia de su época, las sometió a un riguroso análisis crítico, mantuvo lo que encontró coherente con el criterio revelado y descartó el resto.

La evidencia textual de los temas tratados es casi interminable debido a que la función de la religión es justamente la de definir al hombre en relación con su entorno y seguidamente instruirle sobre cómo vivir de la mejor manera posible en dicho contexto. Si hubiéramos querido producir una explicación exhaustiva, el libro constaría fácilmente de varios volúmenes. Sin embargo, la intención ha sido atraer la atención sobre los principios tratados para así estimular a que otras mentes profundicen en ellos y para discutir explícitamente mucho de lo que queda aquí implícito.

MUSṬAFĀ AL-BADAWĪ

PRIMERA PARTE

La Perspectiva Islámica

1. El Universo

DIMENSIONES DE LA EXISTENCIA

Dios es Absoluto, todo lo demás es relativo. Esto significa que solo Él es Real ya que todo lo demás, en realidad, depende de Él. También significa que solo Él es libre puesto que el resto está sujeto a restricciones de varios tipos y grados. Dios es infinito; el resto es limitado.

Dios es transcendente: no solo se encuentra por encima de los límites de tiempo, espacio, forma y cambio; sino también por encima de cualquier límite concebible y más allá de toda descripción.

La primera cosa que creó fue luz pura o espíritu puro, que equivale a lo mismo. De esta luz creó el resto del universo en una jerarquía descendente, en la cual, cuanto más inferior es el reino más limitado y opaco se hace.

Nuestro mundo visible, al igual que otros mundos invisibles (para nosotros), consiguen sus existencias y realidades contingentes de Dios. Mundos superiores e invisibles poseen sus propios propósitos y realidades de la misma forma que nuestro reino material. La creación entera es, sin duda alguna, un todo interconectado, creada y enteramente dependiente de Dios; sin embargo, entre ellos, cada reino de existencia depende y es una sombra del que se encuentra por encima, hasta llegar a los atributos de Dios y, más allá de ésto, Dios mismo, Exaltado sea, quien solo Él puede realmente conocerse. Cuanto más elevado es el reino de existencia, "más cercano" a Dios se encuentra, como si se hicierá más "real" y menos condicionado en relación con lo que encuentra por debajo. Tanto si somos conscientes de ello como si no, cada día "normal" en el mundo en el que vivimos y funcionamos se encuentra inmensurablemente afectado por las realidades superiores. El conocimiento de estos dominios invisibles no es conjetural, sino que está basado en pruebas de las escrituras enviadas a la humanidad por medio de la Revelación divina. Más importante aún, los mensajeros divinos y otros seres iluminados perciben directamente estos dominios, los cuales pueden ver, oír, oler y describir por experiencia directa. Este conocimiento se retira a un segundo plano y desaparece a medida que el ser humano se vuelve más materialista y opaco. Sin embargo, sin este conocimiento, una compresión adecuada de la situación del ser humano es imposible.

Según la tradición, nuestro mundo, el dominio material, comparado con el dominio sutil que nos rodea, no es más grande que el útero de la madre en relación con todo el planeta tierra. La salida de las restricciones de este mundo al morir y la entrada en la relativa libertad del reino intermedio se puede comparar a la previa salida de las restricciones del útero de la madre y la entrada en la relativa libertad del mundo terrenal. Igual que a un feto o a un recién nacido, todo nuestro mundo le parece algo lleno de fantásticas e incomprensibles formas y relaciones que solo se pueden entender a través de una experiencia guiada y con el estudio, igualmente, al principio para nosotros, las realidades de los reinos superiores pueden parecer fascinantes e incomprensibles. Sin embargo, son realidades claras, perceptibles y operativas. Su significado y función se hacen relevantes con el estudio y la guía.

Se ha dicho que el universo de Dios se compone de 18.000 mundos, uno de los más pequeños es el dominio material o visible (ʿālam *al-*šahāda *o* ʿālam *al-mulk*), es decir, el cosmos que observamos con sus billones de galaxias, sus inimaginables distancias intergalácticas, púlsares, cuásares, novas y agujeros negros. Este dominio contiene al Cielo Terrenal (*al-samā' al-duniā*), y no representa más que un grano de arena en el desierto en relación con el domino invisible (*ʿālam al-gaib* o *ʿālam al-malakūt*). El domino invisible está compuesto de siete cielos superpuestos, rodeados a su vez por el Escabel Divino (*al-kursī*), que es a su vez, abarcado por el Trono Divino (*al-ʿarš*). El sagrado Corán declara: *El Escabel de su Trono abarca los cielos y la tierra* (2:255). Un *ḥadīṯ* nos ofrece más precisiones: Los siete cielos y las siete tierras comparadas con el escabel no son más que un anillo arrojado en el desierto, y la superioridad del trono sobre el escabel, es de nuevo, como la del desierto sobre el anillo[1].

En el centro del séptimo cielo se encuentra la Casa Populosa (*al-bait al-ma'mūr*), se dice en los hadices que es el santuario celeste visitado diariamente por setenta mil ángeles y que corresponde con la Kaʿba[2] en la dimensión material. La conexión entre la Kaʿba y *al-bait al-ma'mūr* es ininterrumpida, ya que existen santuarios correspondientes en el centro de cada uno de los cielos, y cada uno de ellos es la sombra proyectada por el que se encuentra en el cielo inmediatamente superior. El santuario en el cielo terrenal se denomina la Casa del Poderío (*bait al-ʿizza*). Aquí es donde el sagrado Corán descendió en la Noche del Destino (*lailatul qadar*), antes de ser revelado parte por parte al Profeta ﷺ, durante un periodo de veintitrés años desde el comienzo de su misión y la primera Revelación en la cueva de Ḥirā' en Meca, hasta su muerte en Medina. La imagen de esta casa en el mundo material es la Kaʿba de piedra, a esta casa descienden "ciento veinte misericordias a cada instante, sesenta para aquellos que la circunvalan, cuarenta para aquellos que rezan [ante ella], y veinte para aquellos que la miran"[3].

En el séptimo cielo se encuentra el Árbol del Loto del Límite (*sidrat*

---

1 Ibn Ḥibbān; *Ṣaḥīḥ*, 2/77; Ibn Kaṯir, *Tafsīr*, 1/311,587.

2 La Kaʿba es la Casa Sagrada de Dios construida por Abrahán en la Meca. El Santuario es la Casa junto con el área que la rodea y fue declarada zona sagrada por Abrahán, la paz sea con él. Los humanos, los animales salvajes y las plantas son inviolables en el Santuario. Se prohíbe llevar armas con la intención de luchar y no se permite la entrada a los no creyentes.

3 Ṭabarānī, *al-Muʿŷam al-Kabīr*, 11/195.

al-muntahā), un *ḥadīṯ* dice que se encuentra "cerca del Trono y es tan inmenso que un jinete podría viajar a la sombra de una de sus ramas durante cien años"[1]. Este árbol marca el límite del conocimiento que puede transmitirse a los seres creados, humanos u otras criaturas. El Escabel es el pedestal donde descansa no solo el Trono del Rey sino también Sus dos pies[2].

Dios usa símbolos para referirse a Sus atributos, ya que de otro modo sería imposible describirlos. Solo las mentes densas tienden a tomarlos literalmente, y solo las mentes superficiales los dejan a un lado entendiéndolos como mitos, en vez de intentar penetrar el velo y recibir su significado. En este contexto, los dos pies simbolizan la complementariedad de los atributos divinos de Belleza y Majestad, tal y como se manifiestan en el dominio que contiene el escabel, concretamente, los cielos y la tierra. Esto está relacionado con las dos manos divinas mencionadas en el sagrado Corán donde Dios reprocha al diablo el haber desobedecido la orden divina de postrarse ante Adán, la paz sea con él: Dijo*: ¡Iblis! ¿Qué es lo que te impide postrarte ante quien he creado con Mis manos?* (38:75). Las "dos manos" tienen que interpretarse como la mano de Compasión y la mano de Poder, que representan los atributos de Belleza y Majestad. Una mano otorgó a Adán su naturaleza angélica o espiritual, mientras que la otra su naturaleza inferior o animal. La primera mano lo invistió con las cualidades de la compasión, la ternura, la generosidad, la afabilidad. La segunda, cualidades como la dignidad, la firmeza y el coraje. Existe otra aleya en la que las dos manos se nombran de nuevo: *Por el contrario, Sus dos manos están abiertas del todo* (5:64). Los comentaristas explican que ambas manos representan la Generosidad Infinita, una de ellas otorga a todas las criaturas lo bueno de este mundo, y la otra, lo bueno de la otra vida. De nuevo, una mano otorga los dones exteriores, la otra los dones interiores. Lo mismo implica el *ḥadīṯ*: "El corazón del creyente se encuentra entre

1 Tirmiḏī, Kitāb Ṣifat al-Ŷanna, 9; al-Ḥakīm, *al-Mustadrak*, 2/469.

2 Al-Ḥakīm, *al-Mustadrak*, 2/282; Ibn Kaṯir, *Tafsīr*, 1/310.

los dos dedos del Misericordioso"[1]. Estos dos dedos giran el corazón hacia la fe o hacia la incredulidad, hacia la tendencia por el mundo espiritual o la tendencia por el mundo material, hacia el recuerdo de Dios o hacia la distracción, y así. Se entiende, por consiguiente, que los dos dedos representan Misericordia e Ira.

Más allá del escabel se encuentra el Trono, el nivel en el cual el atributo de misericordia total o *Raḥmāniyya* se manifiesta: *El Misericordioso (al-Raḥmān) que se asentó sobre el Trono* (20:5). Aquí los atributos de venganza ya no se manifiestan, todo es compasión y felicidad. El Trono es el techo del Paraíso donde todo es gloria.

Se debe tener en cuenta que el dominio invisible no está condicionado por el espacio, y que el uso de imágenes en un espacio para la representación de realidades superiores como el Trono, el Escabel y el Árbol del Loto, es simplemente una forma de expresar en lenguaje humano lo que de otra forma sería incomunicable. El uso de estas imágenes acarrea sus inconvenientes, uno de los más destacados, es que dos descripciones diferentes de la misma realidad pueden parecer incompatibles. Por ejemplo, el Trono se entiende generalmente como algo que rodea y contiene, uno de sus nombres es por lo tanto *al-'arš al-muḥīṭ*, el Trono Circundante. El mismo Trono se describe en otra parte como el centro del universo creado, la sede del Espíritu (*al-rūḥ*) y de la Asamblea Suprema (*al-mala' al-a'lā*). Es solo cuando el Trono se considera en el centro, que puede decirse que el Árbol del Loto y la Casa Populosa están cerca de él. Los dos puntos de vista se ofrecen simultáneamente en el siguiente pasaje: *Los que llevan el Trono y están a su alrededor, glorifican a su Señor con alabanzas, creen en Él, y piden perdón por los que creen: ¡Señor nuestro! Tu misericordia y conocimiento abarcan todas las cosas* (40:7)

Aquí se dice que el Trono lo llevan los portadores, pero también menciona a aquellos que están a su alrededor, o sea, alrededor del centro. Al mismo tiempo, la Misericordia Divina que se establece

1 Muslim, Kitāb al-Qadar,17; Ibn Māŷa, Kitāb al-Du'ā', 2.

"en" el Trono abarca todo, así pues, el Trono tiene que ser claramente periférico y no central. Este ejemplo demuestra que estas descripciones de realidades superiores no deben entenderse literalmente, y que un símbolo se parece a la realidad que indica en ciertos modos y se diferencia de ella en otros. Lo mismo ocurre con los dominios invisibles, las realidades de estos símbolos se observan directamente y se experimentan al morir, o como un regalo de Dios para aquellos a los que Él se acerca. El Profeta ﷺ y aquellos que siguen fielmente sus pasos son ejemplos de esta cercanía.

Para continuar dentro del reino de realidades con las que la mayoría de los musulmanes en la actualidad no están muy familiarizados, y habiendo mencionado la Asamblea Suprema, vamos a recordar que cuando al Profeta ﷺ, le fue dada la elección entre prolongar su vida en la tierra o regresar a su Señor, se le oyó murmurar, ¡Oh Dios, La Suprema Compañía! (*al-rafīq al-aʿlā*)[1]. Esta Suprema Compañía o Asamblea, dicen muchas autoridades, que la componen el Espíritu (*al-rūḥ*), los cuatro grandes arcángeles , Gabriel, Miguel, Israfil y Azrael, y los espíritus de los profetas, rodeados por los portadores del Trono y otros ángeles. El *ḥadīṯ* dice:

> Cuando Dios dicta un decreto, los portadores del Trono le glorifican, después aquellos en el cielo por debajo de ellos, luego aquellos por debajo, hasta que la glorificación alcanza a los moradores que viven en el cielo terrenal. Entonces, aquellos alrededor de los portadores del Trono les preguntan: ¿Qué ha dicho Tu Señor? Y les informan, y los moradores de los cielos se preguntan unos a otros hasta que las noticias les llegan a los habitantes de este cielo[2].

Atravesando estos niveles se encuentra el Reino Intermedio (*al-barzaj*), donde van los espíritus al abandonar este mundo. Se dice que tiene la forma de un cuerno invertido, la parte más estrecha empieza en el

---

1 Bujārī, Kitāb al-Marḍa', 19, y Kitāb Faḍā'il al-Ṣaḥāba, 5; Muslim, Kitāb as-Salām, 46.

2 Muslim, Kitāb al-Salām, 134, Tirmiḏī, Kitāb al-Tafsīr, Sūra 34.

dominio invisible infra-humano y termina en Siŷŷīn, la morada de los hipócritas y no creyentes, mientras que la parte más ancha es ʿIl-liyūn, cuyo techo es el trono. Los espíritus también existen en este cuerno antes de su descenso a este mundo, y una vez que regresan a él, se quedan allí hasta la resurrección. Comparado con el mundo material, el *barzaj* es sutil, mientras que comparado con las dimensiones superiores, es denso.

En estos mundos, cosas abstractas toman forma, del mismo modo que significados abstractos y realidades sin forma, aparecen como formas o imágenes en los sueños. Ciertas suras (capítulos) del sagrado Corán, por ejemplo, aparecen en forma de luz en la tumba, o como nubes en la Resurrección, dando sombra a aquellos que solían recitarlas durante su vida terrenal. Las acciones malvadas también se aparecen a aquellos que solían realizarlas, tomando forma de enormes serpientes venenosas, escorpiones o fuegos. Seguidamente se encuentran las Balanzas en las cuales se pesan las acciones. Estas acciones, por lo tanto, deben tomar sustancia para poder ser pesadas, y un pergamino inscrito con *Lā ilāha il-lal Lāh* (no hay dios sino Allah) podría pesar más que estas. La aparición de significados abstractos en formas perceptibles se denomina *ʿālam al-miṯāl*, el Mundo de Similitudes. Estas similitudes pueden incluso aparecer en la dimensión material, como cuando el arcángel Gabriel se le apareció a la Virgen María: . . .*tomó la apariencia de un ser humano completo* (19:17).

La palabra usada en esta aleya es *tamaṯ-ṯala*, que significa que el ángel tomó el parecido o la similitud de un hombre. Esta es la naturaleza del reino intermedio, la imaginación humana y los sueños. El mundo de la imaginación (*ʿālam al-jayāl*) y el de los sueños corresponde internamente a lo que el Mundo de las Similitudes es externamente. En este hecho yace la explicación de los extraños sucesos que los difuntos experimentan en sus tumbas, ya que no se encuentran en un espacio arenoso y restringido, en el estrecho nicho donde el cuerpo se deposita, sino que yacen en la dimensión sutil que les rodea.

Otro mundo invisible es el de los genios, criaturas de fuego que habiendo sido dotadas de razón, son libres de aceptar o rechazar los mensajes divinos y se dividen por lo tanto como los humanos, en creyentes y no creyentes. Estos últimos son los seguidores del diablo y llevan a cabo sus planes subversivos. Los peores de entre ellos se llaman demonios. La raíz de la que deriva la palabra genio, cuyo equivalente en árabe "*ŷīnn*" significa escondido, invisible o cubierto. *Ŷunūn*, o locura, deriva de la misma raíz, no porque la locura sea debida a un genio, sino porque la locura se define como aquello que "cubre" la razón y la esconde, la frase *yunna 'aqluhu* significa "su razón está escondida". Los genios tienen la capacidad de aparecer y de interactuar en la dimensión material, ya que están creados de energía, muy parecida al tipo de energía que se conoce en la ciencia física.

Existen también niveles en el siguiente dominio sutil, que constituyen el medio por el cual los fenómenos de la magia, la brujería (*siḥr*), el mal de ojo (*ḥasad*) y la hipnosis ejercitan su acción.

El universo creado es una sola totalidad cuidadosamente interconectada. Cualquier cosa que pasa en una dimensión tiene repercusiones a lo largo de la jerarquía. Los mundos visibles e invisibles se encuentran en constante interacción, tanto para lo bueno como para lo malo. El efecto de la fe y del comportamiento virtuoso es abrir las puertas entre este mundo y los superiores y cerrar las puertas entre este mundo y los mundos inferiores. El resultado es la presencia de *baraka*, la influencia espiritual o bendición que procede del nivel superior, que impregna todo, exterior e interiormente, para hacerlo florecer:

> *Si la gente del Libro creyera y se guardara, les cubriríamos sus malas acciones y les haríamos entrar en los Jardines de la Delicia. Y si siguieran y pusieran en práctica la Torá y el Inŷil y lo que ha descendido para ellos de su Señor, comerían tanto de lo que está por encima de ellos como de lo que tienen bajo los pies* (5:65–66).
>
> *Si las gentes de las ciudades hubieran creído y se hubieran guardado, les habríamos abierto las bendiciones del cielo y de la tierra* (7:96).

La referencia en estos dos pasajes es a la lluvia y las cosechas que hace crecer. La *baraka*, que es el resultado de una fe fuerte, comportamiento virtuoso y rezos sinceros, resulta en lluvia y cosechas numerosas. Lo contrario ocurre como resultado del comportamiento opuesto. La miseria y la destrucción recaen sobre los corruptos como resultado de sus acciones:

> *La corrupción se ha hecho patente en la tierra y en el mar a causa de lo que las manos de los hombres han adquirido, para hacerles probar parte de lo que hicieron y para que puedan echarse atrás. Di: Id por la tierra y mirad cuál fue el fin de los que hubo antes. La mayoría de ellos eran asociadores* (30:41–42).

Esto, sin embargo, es un tema altamente complejo e involucra muchos factores de los que hemos mencionado solo unos pocos. Otro elemento a tener en cuenta es la ley divina por la cual, quienquiera que haga algo bueno recibe su recompensa en este mundo. Los no creyentes que trabajan duro en labrar su tierra tendrán su recompensa en cosechas satisfactorias, aunque el resultado final de su forma de vida no pueda ser otro que una catástrofe. Del mismo modo, los creyentes que descuidan su tierra verán inevitablemente sus cosechas arruinadas. La presencia atenuante de santos entre una población corrupta se considera un factor compensatorio de sustancial peso, debido al poder de su *baraka* que, desconocida para la mayoría de la comunidad, neutraliza hasta cierto punto los efectos adversos de la corrupción.

Los mundos invisibles también ejercitan su influencia a nivel individual. Existe un tráfico de doble sentido entre cada persona y los mundos superiores e inferiores. Por ejemplo, hay un conocido *ḥadīṯ* que explica que el efecto de que una persona diga *lā ilāha il-lal lāh,* es que un pilar de luz se extiende hacia el cielo todo el camino hasta la Divina Presencia, empieza a resonar y continua así hasta que la Presencia le ordena parar, a lo que el pilar contesta que no puede parar hasta que se le perdonen todas las faltas a la persona en concreto[1]. Otras buenas acciones también ascienden al Trono y son reconocidas por la Asamblea Suprema, la cual bendice y apoya a aquellos cuyas acciones

1 Abū Nuʿaym, *Ḥilyat al-Awlyā'*, 3/164; al-Munḏirī, *al-Targīb wa'l-Tarhīb*, 2/269; al-Haytamī, *Maŷmaʿ al-Zawā'id*, 10/82.

ganan la bendición y satisfacción de la Asamblea. Los corruptos, por otra parte, son maldecidos y obstruidos en sus planes. El resultado de tal acción por parte de la Asamblea Suprema no es el erradicar la maldad, ni que la gente a la que apoya consiga siempre en este mundo éxitos notorios. La maldad es necesaria y los tiempos deben deteriorarse hasta tal extremo que alcancen el fondo del abismo, en este momento sonará el Cuerno y empezará la Resurrección.

Existen también influencias subversivas procedentes de las regiones infernales. El sagrado Corán afirma, en lo que se refiera al diablo y su ejército: *Él y los suyos os ven desde donde no los veis. Hemos hecho a los demonios aliados de los que no creen* (7:27). *¿Queréis que os diga sobre quién descienden los demonios? Descienden sobre todo embustero malvado* (26:221–222). *Ciertamente los demonios inspiran a sus aliados para que os confundan (6:121). Realmente los que han dicho: Mi Señor es Dios, y hayan sido rectos, los ángeles descenderán a ellos: No temáis ni os entristezcáis y alegraos con la buena nueva del Jardín que se os había prometido* (41:30).

LAS PAREJAS

El sagrado Corán dice: *Y hemos creado dos parejas de cada cosa para que tal vez reflexionarais* (51:49), por consiguiente, se deduce que todo en la creación está creado en parejas. Los atributos divinos también, ya que Dios es *Ḏū'l-Ŷalālī wa'l Ikrām* (el Poseedor de Majestad y Generosidad). Sólo la esencia divina (*al-Ḏāt*) es única. *Di: Él es Dios, Uno* (112:1). *¡Transcencente es aquel que creó todas las especies, las de la tierra, ellos mismos y otras que no conocen* (36:36). En este pasaje del Corán se afirma la transcendencia divina, Dios único e incomparable, antes de mencionar las parejas, las que conocemos y las que desconocemos. Esto se reafirma en otros fragmentos: *El Originador de los cielos y de la Tierra, os ha dado, de vosotros mismos, esposas y ha hecho a los animales de rebaño también en parejas, así es como os multiplica. No hay nada como Él y Él es el que oye y el que ve* (42:11). Aquí Dios habla de Él mismo en Su aspecto de Originador, seguidamente menciona las parejas, los cielos y la tierra, que son el cosmos sutil y las dimensiones materiales. Luego menciona no hay nada como Él a nivel terrenal, las parejas masculinas y femeninas de los seres humanos y los animales, y entonces reafirma Su transcendencia. En el sagrado Corán se pueden encontrar ejemplos de parejas desde cualquier perspectiva concebible. Desde la perspectiva estructural o cósmica estática, podemos tomar el ejemplo de la pareja de los cielos/la tierra, la cual también se puede denominar por visible/invisible, o *mulk/malakūt*.

Estos ejemplos, desde una perspectiva secuencial, corresponden a este mundo/el siguiente, o *dunia/ājira*. El siguiente mundo se divide más a fondo en paraíso/infierno, felicidad/desgracia. Después en el mundo terrenal tenemos día/noche, invierno/verano, sol/luna, montañas/llanuras, tierra/mar, y las parejas de vegetales, animales y seres humanos. A nivel individual contamos con conocimiento/ignorancia, vicio/virtud, amor/odio, fortitud/pánico, recuerdo de Dios/distracción, apego a este mundo/desapego, y demás. Se encuentran relaciones similares en los niveles moleculares, atómicos y subatómicos.

Para dejar claras estas relaciones tenemos que saber que todo en la existencia se creó según un modelo o arquetipo en el conocimiento divino, eterno e inmutable de Dios. Cada relación en este mundo, corresponde con otra a un nivel superior, y así seguidamente hasta su origen en el conocimiento divino increado. La primera pareja que se creó expresando esta dualidad, y que se convirtió en el modelo para toda pareja subsecuente, es la del Cálamo (*Qalam*) y la Tabla Preservada (*al-Lawḥ al-Maḥfūẓ*). El Cálamo es activo y representa Majestad, la Tabla es pasiva en relación con el Cálamo y representa Belleza. El Profeta ﷺ, dijo que la primera cosa que Dios creó fue el cálamo y seguidamente creó la tabla. Se le ordenó al cálamo escribir en la tabla el conocimiento de Dios relacionado con Su creación desde el principio hasta el Último Día[1]. Por lo tanto, el cálamo activamente escribió y la tabla pasivamente recibió la escritura. La primera pareja humana también fue un polo activo, Adán, el primero en ser creado y Eva, su complemento pasivo.

1 Tirmiḏī, Kitāb al-Tafsīr, Sūra 68.

Los términos activo/pasivo, masculino/femenino, positivo/negativo tienen siempre que entenderse en un sentido relativo y nunca absoluto, ya que lo que es activo en relación a algo, es al mismo tiempo pasivo en relación a otra cosa. El cálamo, que es activo en relación a la tabla, es eminentemente pasivo en relación a la orden divina que lo mueve. Los hombres son activos, lo que en este contexto significa protectores y colaboradores con relación a sus esposas, pero son pasivos en relación a sus padres, profesores y superiores, mientras que las mujeres son pasivas en relación a sus esposos, lo cual significa que aceptan su protección y ayuda, pero son activas en relación a sus hijos, ya sean varón o hembra. En una relación en particular, por ejemplo entre estudiante y profesor, en general el estudiante es pasivo en relación con el profesor, sin embargo, puede que existan ciertos elementos psicológicos en el estudiante que son activos en relación con otros elementos particulares del profesor. Por consiguiente, cada polo de una pareja, no solo tiene el potencial del papel opuesto en otra pareja, sino que puede incluso ser parte de un complejo sistema de relaciones donde las interacciones activas y pasivas existen en ambas direcciones. La razón de esto es que cada parte de la pareja contiene algunos de los constituyentes del otro; un obvio ejemplo es el hecho de que hombres y mujeres producen hormonas masculinas y femeninas que se diferencian solo en la cantidad. Es más, el término "pasivo" no denota debilidad o imperfección. Los atributos divinos de belleza constituyen perfección pasiva, mientras que los de majestad constituyen perfección activa. Los atributos o roles activos y pasivos en las criaturas terrenales no son más que las sombras terrenales de estas perfecciones divinas. Los atributos pasivos no se consideran menos necesarios que los activos, ya que los unos complementan a los otros.

Los dos polos de una pareja pueden pertenecer al mismo grado de existencia o a dos grados superpuestos, en otras palabras existen relaciones "horizontales" y también "verticales". Cuando una relación es vertical, el polo superior es siempre predominantemente activo en relación con el inferior. Para tomar al ser humano como ejemplo, el alma o la psique es superior al cuerpo, por consiguiente en la pareja alma/cuerpo, el alma es predominantemente activa. En relación con el espíritu, sin embargo, el alma es inferior y principalmente pasiva[1]. Un ejemplo cósmico sería: el trono divino es activo en relación con el escabel, el cual por su parte, es activo en relación a los siete cielos inferiores, los cuales a su vez, son primariamente activos en relación al mundo material. La relación activa/pasiva en las parejas, en los niveles más inferiores, puede considerarse una relación de oposición, como en bondad/maldad por ejemplo. En muchos otros casos, sin embargo, es de complementariedad más que de oposición, y esto se aplica de forma más patente cuanto más alto es el nivel.

Se debe mencionar en este contexto la organización de relaciones de múltiples parejas en sistemas de interacción compleja. Esta perspectiva ha sido parcialmente revisada por estudiosos modernos de sistemas que han alcanzado conclusiones relativamente válidas, aunque limitadas, debido a la naturaleza en sí de la ciencia material. Cada sistema se concibe compuesto de pequeños sistemas que forman parte de uno más amplio. Estos sistemas dentro de sistemas se encuentran en equilibrio. Cada equilibrio probablemente se puede ver periódicamente alterado para ser reemplazado por uno nuevo después de un periodo de desequilibrio, en otras palabras, cada equilibrio es relativo y lleva en sí mismo la semilla de un futuro desequilibrio. En cada sistema los componentes más ligeros o pasivos se conciben orbitando entorno a los más pesados o activos. Esto puede ser literal, como en el caso de los electrones y protones, y soles y planetas, y puede ser menos evidente cuando se aplica a los niveles sociales e individuales. En un contexto tribal los miembros de cada clan se mueven en la órbita de su jefe, cuya autoridad es la fuerza centrípeta dentro del clan. Cada jefe a su vez, se mueve dentro de una órbita más amplia que es la del jefe de la tribu, quien es el centro de gravedad de toda la tribu. En este contexto, las fuerzas centrífugas serían los deseos egocéntricos de cada hombre en

1 Para la definición del Alma y el Espíritu, referirse al capítulo 2, "Espíritu y Alma".

la tribu y la tendencia a preferir sus propios deseos sobre el bien de la tribu. A nivel familiar, los miembros están sujetos al empuje central del cabeza de familia; las fuerzas centrífugas dispersivas serían la percepción de cada individuo de su interés propio como incompatible con los de la familia. Intrapsíquicamente, los elementos del alma pueden fácilmente concebirse orbitando alrededor del centro de gravedad, que es el corazón. Hablaremos con más detalle sobre este tema en el apartado sobre el alma y el espíritu. Es suficiente mencionar aquí que estos elementos también están sujetos a influencias centrípetas unificadoras y centrífugas que separan. Esta es la razón por la que el Corán habla de aquellos que poseen un "núcleo" (*lubb*), que es un centro unificador de conciencia. El poder del alma reside en la armonización de todos sus elementos para acabar con el conflicto interior, trabajar contra la distracción y la dispersión de la atención y así unir el alma en el objetivo de conseguir la verdad inmutable. Esto es unificación interna o *tawḥīd*. El sagrado Corán dice:

> *Es cierto que en la creación de los cielos y la Tierra y en la sucesión del día y la noche, hay signos para los que saben reconocer la esencia de las cosas. Los que recuerdan a Dios de pie, sentados y acostados y reflexionan sobre la creación de los cielos y la Tierra: ¡Señor nuestro, no creaste todo esto en vano! ¡Gloria a Ti, presérvanos del castigo del Fuego!* (3:190–191).

Las personas que poseen mentes centradas, son aquellas que practican el recuerdo de Dios ininterrumpidamente, expresado en el pasaje diciendo que lo hacen en todas las posturas posibles: de pie, sentados, y en sus costados. Han vencido por lo tanto todas las tendencias que les dispersaban y han ganado armonía interna o unidad. Al nivel más elevado, sea espiritualmente o de manera cósmica, todas las parejas complementarias deben convertirse en unidad.

LOS TIEMPOS

El tiempo que conocemos es la sucesión de eventos cíclicos en el espacio. La rotación de la tierra sobre su eje y alrededor del sol, la rotación de la luna alrededor de la tierra, y el observable movimiento de las constelaciones, nos permite medir el tiempo en días, meses, años, estaciones y en unidades más cortas o largas según los objetivos deseados. Este es el tiempo terrenal, que constituye una de las condiciones de este mundo material, otra condición es el espacio[1]. Más allá del mundo material, el tiempo y el espacio no existen. Los eruditos siempre han hecho una distinción entre tiempo (*zamān*) y duración (*madda*), siendo el tiempo una de las formas de duración. La duración es lo que permite el sucesivo desarrollo de eventos. En otros mundos aparte del contenido en el cielo terrenal, la duración tiene otros indicadores, como se observa en el *ḥadīṯ* que nos informa que la gente del Jardín se encontrará con su Señor cara a cara, en un lugar determinado cada viernes. Por lo tanto, debe haber algo en el Jardín que se corresponde con el tiempo y el espacio terrenal, aunque este algo difiera de las condiciones terrenales, tanto como difiere el ambiente paradisíaco que es puro y luminoso, del terrenal que es denso y confuso.

Los eruditos musulmanes llaman al continuo desarrollo de eventos en la duración: "sucesión cronológica" (*tatabuʿ zamānī*). Existe otro tipo de sucesión anterior a la creación de la duración y el tiempo, al que el sagrado Corán se refiere como los "seis días" en los cuales tuvo lugar la creación del mundo. Este tipo de sucesión se denomina sucesión lógica (*tatabuʿ ʿaqlī*). Se conciben estos acontecimientos como sucesión por una cuestión de inteligibilidad y porque la sucesión cronológica en niveles inferiores corresponde a este modo superior de sucesión. La conclusión real, sin embargo, es que existen etapas en el proceso de la creación que ocurren simultáneamente.

No existe una medida común entre el tiempo terrenal y la duración en los mundos superiores. El sagrado Corán expresa esta idea:

1 Otras condiciones implícitas en el espacio son la forma y la densidad.

Los ángeles y el espíritu suben hasta Él en un día cuya medida son cincuenta mil años (70:4). *Los asuntos que decreta bajan desde el cielo a la Tierra y luego ascienden a Él en un día que equivale a mil años de los que contáis* (32:5). *Es cierto que un día junto a tu Señor es como mil años de los que contáis* (22:47).

Por consiguiente existe tiempo que es exterior y objetivo en la dimensión material, duración de diferentes formas en los otros mundos, y tiempo interior y subjetivo, que es nuestra percepción del tiempo cuando estamos despiertos y cuando soñamos. Nuestra percepción del tiempo no es para nada uniforme, horas de placer pasan rápidamente y se perciben como minutos, mientras que minutos de sufrimiento o simple aburrimiento son horas. En la Resurrección se les preguntará a los corruptos cuánto tiempo han pasado en la tierra y contestarán: *Hemos estado un día o parte de un día* (23:113), y estarán tan convencidos de este hecho que añadirán: Pregunta a los que pueden contar, es decir, a los ángeles que llevan un control. Los creyentes sinceros experimentarán el Día del Juicio como el tiempo que tardan en la tierra en hacer dos *rak'as* (dos ciclos de la oración) y para otros progresivamente más largo, hasta que los hipócritas y los peores incrédulos lo experimentarán como si durase cincuenta mil años.

El tiempo se expande y se contrae, se hace más ligero en el primer caso y más denso en el segundo. Cuanto más ligero es, más *baraka* tiene y más cosas se pueden conseguir, mientras que cuanto más denso es, menos *baraka* posee y más difícil es el logro. El ejemplo obvio de una ocasión en la que el tiempo se expandió enormemente es en la Noche del Viaje Nocturno del Profeta ﷺ, en aquella noche viajó de Meca a Jerusalén, parando en varios lugares en los que el arcángel Gabriel le ordenaba rezar. En el Templo de Jerusalén dirigió a los otros profetas en la oración, seguidamente ascendió por los siete cielos hasta el Trono, el Árbol del Loto del Límite, y el encuentro con su Señor. Se encontró con distintos profetas en cada nivel de ascenso y recibió visiones detalladas del Jardín y el Fuego. Aún así, cuando regresó a Meca, el lecho que había dejado no había perdido su calor.

No es difícil concebir las variaciones del tiempo interior y subjetivo, ya que en sueños y otras experiencias interiores uno puede viajar grandes distancias, realizar un gran número de cosas y darse cuenta de que estas experiencias son solo unos minutos en el tiempo exterior. Como hemos explicado, el tiempo exterior tampoco es uniforme ya que se contrae, se expande, se vuelve ligero, se hace denso y se desarrolla en ciclos. ¿Qué es entonces lo que indican estos cambios? Por supuesto que no es el reloj con su tic-tac, sino el contenido de minutos y horas, es decir, el número y la magnitud de los eventos que ocurren dentro del mismo tiempo objetivo. Cuanto menos obstructiva es la calidad del tiempo, más tareas puede la persona realizar.

El poder divino manipula el tiempo por diversas razones, como se demuestra en la historia de ʿUzair, en el sagrado Corán (2:259), y en la historia de los durmientes de la cueva (18:8). ʿUzair muere y se le devuelve a la vida después de 100 años para comprobar que, mientras el tiempo ha tenido su efecto normal en su animal, del que no quedan sino huesos, se ha suspendido para él y su comida, que no muestran ni la mínima señal de descomposición. En cuanto a los durmientes de la cueva, se les hizo dormir durante 309 años en los que sus funciones vitales fueron preservadas sin embargo, su conciencia cesó. Existen otros muchos más ejemplos en *hadices* y en las vidas de los Compañeros del Profeta ﷺ, sus seguidores y otros hombres de Dios.

Aparte de tales eventos extraordinarios, se dice que ciertos tiempos están más cargados de *baraka* que otros. Ejemplos serían: el día de ʿArafāt cada año durante el *ḥaŷŷ*, el viernes de cada semana, la última tercera parte de la noche, el tiempo entre la oración de la mañana y el amanecer (*subḥ*), y entre la oración de la tarde (*ʿaṣr*) y la puesta de sol de cada día. A medida que el Último Día se acerca, el tiempo se contrae, se densifica y se convierte en menos propicio para hacer buenas obras. La *baraka* va disminuyendo día a día hasta desaparecer y el último hombre de Dios muere sin dejar sucesor. Este suceso anunciará el final del tiempo terrenal y la venida de la Hora. Un *ḥadīṯ* afirma explícitamente: "La Hora no llegará hasta que el tiempo se contraiga, de modo que un año es un mes, un mes una semana, una semana un día, un día una hora, una hora un destello de fuego"[1]. Otro *ḥadīṯ* indica que el tiempo no debe concebirse de manera lineal, como la mayoría de la gente tiende a pensar, sino circular o, más precisamente, espiral. "El tiempo ha realizado un círculo completo y ha regresado al punto en el que estaba cuando Dios creó los cielos y la tierra"[2]. De esta forma habló el Profeta ﷺ, en su peregrinaje de despedida. El significado de este *ḥadīṯ* es que la configuración de los cielos físicos de nuestro mundo ha regresado a lo que era al principio de la creación, que el tiempo ha realizado un círculo completo y que el final es inminente.

1 Tirmiḏī, Kitāb al-Zuhd, 34; Ibn Māŷa, Kitāb al-Fitan, 33.

2 Bujārī, Kitāb Bad' al-Jalq, 3.

2. El Hombre

EL DESTINO DEL HOMBRE

Habiendo limitado a propósito sus horizontes exclusivamente a la dimensión material, el hombre moderno, se concibe a sí mismo como un "algo" que empieza al nacer, termina con la muerte, y no tiene objetivo alguno, aparte de la búsqueda de placeres mundanos. Esta miopía intelectual es el inevitable resultado de su ignorancia o negación del "antes" y el "después" de su vida terrenal y de la existencia de sus extensiones invisibles en las dimensiones sutiles y espirituales. Este conocimiento fue puesto a disposicón de la humanidad a través de la Revelación divina y sin ello no es posible llegar a un entendimiento adecuado del significado y el propósito del hombre. Tampoco se puede sin este conocimiento, tomar decisiones en torno a cómo dirigir mejor nuestra vida, ni asignar la debida importancia a los respectivos ámbitos de esta. Cada pensamiento y acción en la vida del hombre tiene repercusiones en los dominios sutiles y afecta, por lo tanto, su vida por venir. Cuando el hombre es consciente de este hecho, su pensamiento, su sistema de valores, prioridades y su organización son radicalmente diferentes de aquellos que piensan que solo tienen que preocuparse por esta vida y se encuentran, por consiguiente, bajo una presión constante por satisfacer, cuanto más puedan, sus deseos materiales y sociales en el menor tiempo posible. Para una descripción conveniente, los eruditos musulmanes han dividido la existencia del hombre en cinco etapas: pre-terrenal, terrenal, vida en el Reino Intermedio, Resurrección y Juicio, y morada final. Se debe comprender claramente que no hay discontinuidad entre estas etapas, ya que cuando el ser muere o sale del mundo en el que vive, es instantáneamente revivido en el siguiente, considerándose el nacimiento y la muerte dos caras de la misma moneda. Aquello que parece muerte en un lado aparecerá como nacimiento en el otro.

El fenómeno del sueño ofrece el mejor ejemplo para comprender este hecho, ya que la persona que duerme parece inconsciente y sin movimiento para quien la observa, cuando al mismo tiempo el dormido puede estar soñando vivamente. Visto desde fuera, parece que no presenta otras señales de vida que la respiración, sin embargo, interiormente está viviendo experiencias intensas y a veces altamente significativas. A esto se le llama "la muerte menor", cuando los sentidos desaparecen del reino físico. El Corán utiliza el mismo término para dormir y muerte, y para referirse a cualquier paso de este mundo a otros más elevados: *Dios se lleva (iatawaffā) las almas cuando les llega la muerte y se lleva las que aún no han muerto durante el sueño, para luego retener a aquellas cuya muerte decretó y devolver a las demás hasta que cumplan un plazo fijado, realmente en eso hay signos para la gente que reflexiona* (39:42).

La misma palabra, iatawaffā, se usa para expresar la acción del ángel de la muerte cuando toma las vidas, y para el paso de Jesús, la paz sea con él, del mundo visible al invisible: *Y he sido testigo sobre ellos mientras permanecí en su compañía. Y cuando me llevaste a Ti, Tú eras Quien los observaba, Tú eres Testigo de todas las cosas* (5:117).

El paso del mundo pre-terrenal al mundo terrenal, es decir, el descenso del espíritu en el embrión a los 120 días de embarazo, seguido a su término por el nacimiento, induce en la mayoría de los casos a un olvido total de la existencia previa del espíritu. Esta es una de las razones por las que se sabe tan poco sobre la etapa pre-terrenal. Otra razón es que, al estar obligados a comenzar nuestro viaje hacia Dios desde el punto donde nos encontramos, no tiene grandes consecuencias conocer los detalles de las etapas anteriores. Tenemos e estudiar la situación actual y actuar según las instrucciones ofrecidas en el Corán y la Sunna[1] que son ampliamente suficientes. El Corán raramente menciona esta etapa y es muy breve cuando lo hace: *Y cuando tu Señor sacó de las espaldas de los hijos de Adán a su propia descendencia y les hizo que dieran testimonio: ¿Acaso no soy Yo vuestro Señor? Contestaron: Sí, lo atestiguamos. Para que el Día del Levantamiento no pudierais decir: Nadie nos había advertido de esto* (7:172).

En aquel día los espíritus fueron testigos de la manifiesta gloria de su Señor y afirmaron que lo hacían. No podían hacer otra cosa, ya que daban testimonio solo de lo que realmente veían. La implicación de este testimonio es que es parte de la naturaleza del hombre reconocer a su Se*ñor*, mientras que la actitud opuesta, la del ateo o el idólatra, es desviada e injustificable. La otra alusión en el Corán a esta etapa es la narración del juramento de subordinación que tuvieron que tomar los profetas al Sello de la Profecía, bendiciones y paz de Dios sobre ellos.

> *Y (ten presente) el compromiso que Dios pidió a los profetas: Os damos parte de un Libro y de una Sabiduría, luego vendrá a vosotros un Mensajero que confirmará lo que tenéis, en él habréis de creer y le habréis de ayudar. Dijo: ¿Estáis de acuerdo y aceptáis, en estos términos, Mi pacto? Dijeron: Estamos de acuerdo. Dijo: Dad testimonio, que Yo atestiguo con vosotros* (3:81).

La importancia de ser consciente de la vida pre-terrenal es que explica algunos de los fenómenos humanos que observamos. Por ejemplo, las diferencias individuales en potencial espiritual son un hecho observable. Es más, algunas personas muestran a una temprana edad un grado de madurez espiritual que otras alcanzan solo después de una vida de esfuerzo. Los profetas nacen, no se hacen. "Yo era un Profeta cuando Adán estaba todavía entre el agua y el barro"[2]. Esto lo dijo el Profeta ﷺ,

---

1 *Sunna* es un dicho o acto del Profeta ﷺ. Están recogidos detalladamente y constituyen luego del Sagrado Corán, la segunda fuente sagrada de Conocimiento de los Musulmanes.

2 Bujārī, Kitāb al-Adab, 119; Muslim, Kitāb Faḍā'il al-Ṣaḥāba.

e implica que era totalmente consciente de su condición pre-terrenal. Ciertamente, muchos hombres de Dios de menor rango que los profetas han hecho mención de esto. El imām ʿAlī ☙, por ejemplo, dijo que recordaba claramente quién se encontraba a su derecha y quién a su izquierda el día en el que se nos preguntó ¿*Acaso no Soy vuestro Señor?* Existen por lo tanto, excepciones a la regla de que los seres humanos nacen sin memoria alguna de su estado previo.

Otro ejemplo de la influencia que los acontecimientos pre-terrenales tienen en esta vida terrenal es la espontánea simpatía o antipatía que el individuo frecuentemente experimenta al conocer por primera vez a una persona. La explicación es que, ya ha tenido lugar un encuentro entre los espíritus en el mundo pre-terrenal, y la armonía o la desarmonía que se produjo determinan la subsecuente respuesta observada. Esto se entiende perfectamente del *ḥadīṯ* que menciona el Imām ʿAlī ☙ en respuesta a la pregunta de ʿUmar ibn al-Jaṭṭāb ☙ del por qué un individuo cuando conoce a alguien siente que le agrada esa persona o le desagrada sin que esta haya hecho nada para merecerlo. ʿAlī ☙ explicó que el Profeta ☙, había dicho que los espíritus reaccionaban según su naturaleza, queriendo decir, que aquellos espíritus que se encontraron en el mundo espiritual y sintieron armonía por su naturaleza, más tarde sintieron esta atracción en la tierra, mientras que aquellos que se encontraron y por incompatibilidad esencial no tuvieron afinidad, más tarde se repelen[1]. Lo que aparece en este mundo como el perfil psicológico de una persona, es el resultado de su naturaleza esencial y de sus aptitudes e influencias procedentes de su vida pre-terrenal. A esto se le añade su constitución genética y la modificación de este conjunto por factores de su entorno. Regresaremos a este tema en la sección de la personalidad.

La segunda etapa, la vida en este mundo, podría dividirse en cinco fases: infancia, niñez, juventud, madurez y vejez. Estas a su vez, se diferencian entre sí en un número de puntos que determinan el rol

---

1 Bujārī, *Kitāb al-Anbiyāʾ*, 3; Muslim, *Kitāb al-Birr*, 159 y 160.

o función particular que desempeñan y la manera de llevarlo a cabo. El libro, "*Las Vidas del Hombre*", del Imām al-Ḥaddād ofrece una clara descripción al respecto[1]. El rol complementario de hombre/mujer, o el predominantemente activo/pasivo, o el predominantemente positivo/negativo y demás, afecta a todo el espectro de las actividades y roles humanos, y resulta en diferencias físicas, psicológicas, sociales y espirituales que deben tenerse en cuenta.

La muerte, el paso de esta vida a la siguiente, se considera generalmente una experiencia dolorosa e indeseable, el fin de todo y el paso a la nada. Esta concepción conlleva varios errores manifiestos. Para empezar, la persona moribunda que parece medio consciente o incluso comatosa está experimentando una serie de acontecimientos que difieren según sus antecedentes, religión y comportamiento previo. El debilitamiento de la vida en el cuerpo se debe al debilitamiento de su vínculo con el espíritu. Algunas personas parecerán serenas a la hora de la muerte, a lo mejor tranquilizadas por presencias espirituales y pueden incluso estar deseando escapar de este mundo y pasar a la libertad del otro. Otros, como los hipócritas y corruptos experimentaran un terror extremo, ya que el ángel de la muerte se les aparecerá con un aspecto horrible, justamente el que refleja su propio estado. Su vida entera desfilará ante sus ojos. Son entonces capaces de reconocer cada una de las acciones que realizaron por lo que realmente eran, privados de las ilusiones y espejismos de su vida terrenal. Los verdaderos creyentes, por su parte, se sentirán contentos ante la expectativa del tan esperado encuentro con su Señor.

Esta es la razón por la que el Profeta ﷺ, dijo que los espíritus de los creyentes dejan sus cuerpos tan suavemente como se remueve una túnica de seda. Por el contrario, los incrédulos temen este paso y se muestran comprensiblemente reacios a abandonar esta vida, la única de la que son conscientes. Por lo tanto, se resisten tanto que sus espí-

1 Imām ʿAbdil-Lah ibn ʿAlawī al-Ḥaddād, *The Lives of Man*, The Quilliam Press, Londres, 1991. Imām al-Haddād (F. 1132 AH/1720 DC) uno de los más ilustres eruditos ʿAlawī, ampliamente considerado como el "Renovador" del siglo doce de la Hégira.

ritus son arrancados dolorosamente de sus cuerpos, del mismo modo que se removería la misma túnica de seda de un matorral de espinas. Entre estos dos extremos se encuentran todos los grados intermedios posibles. El compañero del Profeta, Salmān el Persa ☙, pidió a su mujer que esparciera perfume alrededor de su lecho de muerte, y dijo: "Me visitan algunos de la creación de Dios, que ni comen ni beben, pero que les gusta el perfume". Se nos ha transmitido que ʿUmar ☙ instruyó a la gente a que repitan *Lā ilāha il-lal Lāh* cerca del moribundo y si eran hombres de Dios, que se escuchase cuidadosamente lo que pudiesen decir, ya que "se revelan ante ellos cosas verdaderas". En cuanto se refiere a Bilāl ☙, cuando su mujer gritó: ¡Oh qué pena! Cuando este se estaba muriendo, él contestó: "¡Qué alegría! Mañana me encontraré con mis seres queridos, Muhammad ☙ y su gente". A otro compañero Muʿād ibn Ŷabal ☙ se le preguntó cuando estaba muriendo: ¿Ves algo? Y contestó: "El espíritu de mi hijo ha venido con noticias de que Muhammad ☙, cien filas de los ángeles de Proximidad, mártires y santos están rezando por mí y me esperan para escoltarme al Jardín"[1].

Sin embargo, la muerte en sí, es generalmente un proceso doloroso, como se observó en la muerte del Profeta ☙, y en la de otros muchos hombres de Dios. Por esta razón, se recomienda recitar cerca del moribundo la sura Yā Sīn, ya que alivia algo del dolor. Es interesante observar que también se recomienda su recitación cerca de la mujer que está dando a luz, ya que facilita el parto. Es por lo tanto, efectiva para facilitar la entrada y la salida de este mundo.

"El mundo", dice el *ḥadīṯ*, "es la prisión del creyente y el paraíso del incrédulo"[2]. Es por esto que durante la procesión funeraria, los difuntos, si son creyentes, piden a aquellos que le llevan que se den prisa, mientras que si son incrédulos, les suplican que vayan más despacio. El Profeta ☙ dijo: "Los difuntos son conscientes de quiénes les lavan, llevan, amortajan y depositan en sus tumbas"[3]. "También escuchan los pasos

---

1 Aḥmad, 5/243.
2 Muslim, Kitāb al-Zuhd, 1; Tirmiḏī, Kitāb al-Zuhd, 16.
3 Aḥmad, 3/62; Ṭabarānī, *Awsaṭ*, 7/257.

de la gente dejándoles después del funeral y se sienten abandonados"[1]. Su paso al otro mundo se completa solo después de ser sometidos a la súbita opresión de la tumba (*qabḍat al-qabr*) y posterior liberación. Entonces les visitan los dos ángeles, Munkar y Nakīr, le interrogan acerca de sus creencias y seguidamente sus tumbas se convierten en un lugar paradisíaco o en un sitio infernal hasta el Día de la Resurrección.

"La tumba", dijo el Profeta ﷺ, "es una pradera de las del Jardín o un pozo de los del Fuego"[2].

Está claro por lo anteriormente citado que la vida en la tercera etapa, el *barzaj* o Reino Intermedio, está lejos de ser un tipo de animación suspendida, como la mayoría de la gente tiende a pensar hoy en día. Por el contrario, es una existencia ajetreada y extremadamente compleja donde se empiezan a manifestar las consecuencias de las acciones que el individuo realizó en su vida terrenal. Se ha dicho inequívocamente en muchos *hadices* que los espíritus en el *barzaj* se visitan y reciben a cada recién llegado con preguntas acerca de los asuntos de sus familiares y amigos vivos[3]. El Profeta ﷺ dijo: "Se muestran tus acciones a tus familiares difuntos; si son buenas se alegran; si no, dicen: Oh Dios, no les hagas morir antes de que Tú les guíes como nos has guiado a nosotros"[4]. Y una vez cuando visitaba a los mártires de Uḥud dijo: "Testifico que están vivos cerca de Dios, por lo tanto visitadlos y saludadles, porque juro por el que en cuyas manos se encuentra mi alma, que a quien les salude, le devolverán el saludo hasta el Día del Levantamiento"[5]. Esto significa que son conscientes de quiénes les visitan, y cuando se da limosna de su parte o se les ofrece como regalo algo de la recitación del Corán, la luz de estas acciones les llega en su mundo. Esto es evidente por los muchos *hadices* que animan a las personas a ofrecer a sus padres la recompensa de actos de adoración y caridad y les prometen

1 Bujārī, Kitāb al-Yanā'iz, 68 y 87.
2 Tirmiḏī, Kitāb al-Qiyāma, 26.
3 Ṭabarānī, *Awsaṭ*, 4/98.
4 Aḥmad, 3/164.
5 Ṭabarānī, *Awsaṭ*, 4/98.

que les llegará la recompensa a sus difuntos, sin que por eso disminuya la recompensa del que ofrece. También se ha dicho en numerosos *hadices* que si ciertos capítulos del Corán; tales como, al-Fātiha, al-Ijlāṣ y al-Takāṯur se recitan cerca de las tumbas y se ofrece la recompensa de esta recitación a los difuntos, los espíritus de estos interceden por el visitante. Se nos aconseja enterrar a nuestros difuntos junto a gente virtuosa, ya que sufrirán de sus malvados vecinos del mismo modo que sufrirían los vivos.

Algunos espíritus se encuentran en un estado casi paradisíaco, libres de recorrer por el universo, presenciando la gloria de los mundos superiores, encontrándose con los profetas y los santos en el ʿIl-līyūn, y deleitados con la expectativa de una aproximación más cercana con su Señor. Otros, menos afortunados, tienen su libertad restringida en mayor o menor medida. Menor, si eran creyentes cuyos pecados aún requieren retribución, y mayor, si son incrédulos encarcelados en el casi infernal Siŷŷīn donde sus acciones repercuten tomando forma de criaturas horribles o tormentos ardientes.

La cuarta etapa, es la Resurrección; un día que para algunos será tan rápido como un abrir y cerrar de ojos, y para otros, tan largo como cincuenta mil años. Empieza cuando suena por primera vez el cuerno y todas las criaturas mueren, seguido de un segundo sonido del cuerno con el que son resucitadas. Todos los seres humanos son entonces dirigidos a la tierra de la reunión. El sol se acerca de tal forma que el calor es extremamente intenso y el sufrimiento se hace tan insoportable, que empiezan a buscar a alguien que interceda por ellos para que su Juicio se acelere, aunque eso signifique ser arrojados a las llamas del Infierno. Solo el Profeta ﷺ tendrá permiso para interceder en esta situación. Seguidamente, todos cruzan el Puente (*Ṣirāṭ*), que es tan fino como un cabello y más afilado que una espada, debajo del cual la caldera del Infierno lanza sus llamas disparadas hacia arriba para quemar a quienes alcanza. Los primeros en cruzarlo sin dificultad y más rápido que un rayo serán setenta mil creyentes de rostros tan radiantes como la luna llena. El privilegio de este grupo será entrar en el Paraíso sin tener que someterse al Juicio. Les seguirán aquellos que lo cruzaran tan rápido como el viento, de rostros tan brillantes como las estrellas más luminosas en el cielo de la noche. Otros llegarán cruzándolo tan rápidamente como vuelan los pájaros, otros como si fueran caballos de pura raza, y otros aún más despacio, hasta llegar a aquellos que se arrastrarán para cruzarlo, algunos de ellos resbalando y cayendo en la caldera. Los que lleguen al otro lado a salvo implorarán a Dios, pidiendo misericordia por sus hermanos que han caído en el fuego. Dirán: "¡Oh, Señor! ¡Ayunaron y rezaron con nosotros e hicieron el peregrinaje (*ḥaŷŷ*)!" Estos tendrán tan alto rango ante Dios que les permitirá rescatar a aquellos que son capaces de reconocer. Entonces las balanzas se alzarán y las acciones se pesarán.

Los Compañeros estaban tan preocupados por los peligros y sufrimientos de este día que planeaban y se preparaban para ellos, preguntando al Profeta ﷺ donde podrían encontrarle, sabiendo perfectamente que solo su presencia les podría garantizar seguridad. Uno de ellos le pidió su intercesión en el Día del Juicio y el Profeta ﷺ, se la prometió. Entonces le preguntó dónde le podría encontrar y le dijo, que le buscase en el puente en primer lugar."¿Qué hago si no te encuentro en el Puente?", preguntó. "Entonces búscame cerca de las Balanzas" contestó. "¿Y si no te encuentro allí? "Entonces búscame cerca del Estanque, porque con seguridad la gente me encontrará en uno de estos tres sitios"[1]. Se nos ha transmitido que el estanque tiene la "distancia entre San'ā' y Medina"[2], y su agua es "más blanca que la leche y más dulce que la miel"[3]. Cada profeta tiene un estanque para su nación, y el estanque más grande es el del profeta más importante y la nación más numerosa. De este estanque se les dará de beber "un sorbo después del cual no tendrán nunca más sed"[4].

La quinta y más prolongada etapa es la morada final, el Paraíso o el

1 Tirmiḏī, Kitāb al-Qiyāma, 9.

2 Bujārī, Kitāb al-Riqāq", 53.

3 Muslim, Kitāb Faḍā'il al-Ṣaḥāba", 37; Aḥmad, 2/158.

4 Bujārī, Kitāb al-Riqāq, 53.

Infierno, según sea el caso. Aquí desaparece la combinación del bien y el mal, belleza y fealdad, perfección e imperfección y felicidad y pena que caracterizaba las etapas anteriores. El Paraíso contendrá toda la belleza, perfección y felicidad, mientras que el Infierno será absoluta fealdad y pena. El Paraíso es por definición, la cercanía de Dios y cuanto más alto es el grado, más cerca se encuentra de la luz divina y más radiante es su manifestación. El Infierno, por otra parte, es el alejamiento de Dios, y por lo tanto, sus tormentos y sufrimientos aumentan cuanto más alejado es el grado de distanciamiento, debido a los espesos velos de separación entre el condenado y la misericordia divina.

En estas dimensiones cada acción, pensamiento o intención que tuvo lugar en el transcurso de la vida terrenal se proyectará en la inmensurable pantalla de la eternidad y se ampliará como corresponde. Esta es la razón por la que las repercusiones de palabras y acciones que pueden haber parecido insignificantes en la tierra aparecen desproporcionadas en el más allá.

EL ESPÍRITU Y EL ALMA

Encontramos en los escritos islámicos una variedad de términos con respecto a la interrelación del cuerpo, el alma y el espíritu. Muchos de estos términos se refieren a las mismas realidades vistas desde perspectivas diferentes. Por lo tanto necesitamos definirlos, y lo haremos según la escuela de Imām al-Gazālī, uno de los más destacados eruditos islámicos que jamás haya existido, y con creces el escritor más acreditado en el tema. Imām al-Gazālī afirma que cada uno de estos términos –corazón, espíritu, alma y mente o intelecto– tiene dos significados, uno superior y otro inferior. Todos ellos coinciden en sus significados superiores pero son diferentes en lo que a sus significados inferiores se refiere.

El corazón (*al-qalb*), en su significado inferior, es el órgano físico carnoso alojado en la parte izquierda del pecho, cuya función es distribuir la sangre a las distintas regiones del cuerpo y, junto con la sangre, distribuir la energía vital o el espíritu vital. En su significado superior es el centro espiritual, que es la realidad esencial del hombre como ser pensante y responsable.

El espíritu (*al-rūḥ*), en su significado inferior, es el espíritu vital, (*al-rūḥ al-ḥayawānī*), que es la energía que circula con la sangre a cada parte del cuerpo para que funcionen sus facultades. Es la misma energía de vida que fluye en los animales y no es por lo tanto, específicamente humana. Cuando se extingue, el cuerpo deja de funcionar y se dice que ha muerto. En su significado superior, el espíritu es la realidad incorpórea, que coincide con la definición superior del corazón, y es un misterio divino más allá de la comprensión del hombre: *Y te preguntan acerca del espíritu. Di: El espíritu procede de la orden de mi Señor y no se os ha dado sino un poco de conocimiento* (17:85).

El alma, psique, o ego (*al-nafs*), en su significado inferior, es el término que se usa para indicar al alma que se encuentra enteramente impulsada por las dos fuerzas, la del apetito físico y la de la agresión, hasta el punto de que ignora o transgrede obstinadamente los límites morales convencionales. Estas dos fuerzas son equivalentes, en cierto modo, a los conceptos de búsqueda de placer y evitar el dolor, ambas fuerzas pueden ser físicas o mentales. Esta es el alma que incita al mal (*al-nafs al-ammāra bi'l-sū'*), que llamaremos el ego, y es a este aspecto del alma al que el siguiente conocido ḥadīṯ hace referencia: "Vuestro gran enemigo es vuestro ego, que se encuentra entre vuestros dos flancos"[1]. Es este aspecto el que la religión nos ordena firmemente dominar y controlar. En su aspecto superior, el alma coincide con el significado superior del corazón y el espíritu. En este aspecto se denomina el "alma serena" o "el alma en paz" (*al-nafs al-muṭma'inna*). Existe una etapa transicional entre el aspecto superior y el inferior, que se llama, "el alma que reprocha" (*al-nafs al-lawwāma*), aquella en proceso de transformación, de ser conducida por apetitos animales a ser inspirada espiritualmente.

---

1 'Aŷlūnī, *Kašf al-Jafā*, 1/160, atribuido a Kitāb al-Zuhd de Bayhaqī.

El intelecto (*al-ʿaql*) en su aspecto inferior, es la facultad que procesa la información que recibimos a través del aparato sensorial, la organiza, selecciona los puntos relevantes y procede en pasos lógicos; definida de tal forma coincide con la razón. En su aspecto superior, el "intelecto inspirado" (*al ʿaql al-mulham*) es el recipiente de conocimiento de los mundos elevados. Este conocimiento se recibe directamente, es decir, no tiene que recibirse a través de los sentidos y se llama "inspiración". No es lo mismo que los repentinos destellos de percepción que la mente normal puede alcanzar y que la distingue de un ordenador. En su aspecto elevado es sinónimo de corazón, espíritu y alma serena.

Existen un número de facultades que sirven al corazón. En primer lugar contamos con las tendencias innatas de búsqueda de placer y evitar el dolor. El placer y el dolor pueden ser mentales o físicos, inmediatos o posteriores. Buscar el placer y evitar el dolor constituyen la base para la motivación y la voluntad. En segundo lugar, existe el poder motor para llevar a cabo lo que el individuo se propone, este se denomina capacidad. Y en tercer lugar, la habilidad de percibir el entorno con el objetivo de influir en él. Esta habilidad es tanto física como psicológica. La habilidad física consiste en el sistema sensorial, mientras que la psicológica; alojada en la cabeza, cuenta con cinco componentes.

En este apartado, Imām al-Gazālī se ve obligado a abandonar su estricta adherencia al conocimiento revelado, ya que las facultades en cuestión no se analizan en detalle allí. Por consiguiente, en esta parte de su exposición, y sólo en esta, recurre a los escritos de filósofos-facultativos como Ibn Sīnā, cuya concepción de estos asuntos está basada en gran medida, aunque no totalmente, en los filósofos griegos. De este modo al-Gazālī menciona una facultad de "percepción sintética" que organiza la información adquirida a través de los sentidos y produce percepciones complejas. Cita otra facultad relacionada con la percepción del significado dentro de formas, que es capaz de conectar la dulzura con el azúcar, el miedo con los lobos y el confort con las madres. Existe un tipo de memoria que almacena y recupera la información sensorial y otra que almacena y recupera los significados adjuntos a esa información. Finalmente menciona la facultad imaginativa y de razonamiento que procesa las formas y los significados, aduce y deduce, combina y separa. Cuando opera con formas o imágenes esta facultad se denomina imaginación, y cuando opera con la abstracción se la llama cognición.

El corazón o el espíritu necesita de estas facultades de la misma manera que un viajero necesita los medios de transporte y las provisiones adecuadas para alcanzar su destino. El destino del espíritu, el propósito real por el que fue creado, es su encuentro cara a cara con su Creador. No puede alcanzar su destino sin viajar por el mundo material, ya que este es el viaje que le permite ascender la escalera del crecimiento espiritual hasta alcanzar el nivel que le capacita para este "encuentro". En el mundo material, el cuerpo constituye su medio de transporte y le provee con las facultades necesarias que le garantizan las provisiones para sobrevivir a medida que viaja. El espíritu por lo tanto, necesita cuidar del cuerpo, nutrirle y protegerle contra cualquier factor que altere o frene su adecuado funcionamiento. La motivación para llevar a cabo esta tarea surge de las tendencias de buscar el placer y evitar el dolor, mientras que los medios para hacer esto provienen de nuestro poder físico y sistema sensorial.

El espíritu no es un cuerpo, no es ni tan siquiera una sustancia sutil. En su realidad principal, es inmortal y no se ve afectado por contingencias. No está "dentro" del cuerpo, más bien utiliza el cuerpo de la misma forma que un artesano utilizaría una herramienta. Sin embargo, hablar del espíritu como que está "dentro" del cuerpo se ha adoptado siempre en sentido figurativo para poder expresar realidades que de otra forma hubieran sido demasiado difíciles de entender. Los asuntos referentes al espíritu, como todos los asuntos concernientes a los mundos superiores, siempre se han expresado simbólicamente y de una forma viable y beneficiosa, porque el lenguaje humano, por su mera naturaleza, es incapaz de expresar explícitamente las verdades espirituales. El espíritu vital y las facultades físicas y psicológicas, son sirvientes del espíritu. El espíritu pone fin a su vínculo con el cuerpo al morir y reanuda esta conexión en la resurrección en un modo diferente.

El hombre cuenta con características materiales que comparte con la materia inanimada, otras propiedades, tales como el metabolismo, el crecimiento y la reproducción, las comparte con las plantas; tiene la habilidad, que comparte con los animales, de interactuar con los miembros de su especie y de otras. Algunas formas más complejas de comportamiento las comparte con simios avanzados. Lo que es exclusivamente suyo es el intelecto, en sus niveles cognitivo y espiritual. Por lo tanto, el hombre se convierte en verdaderamente humano en la medida que su corazón o espíritu se encuentra eficazmente en control y no está impedido por los elementos inferiores: *Tienen corazones con los que no comprenden, ojos con los que no ven y oídos con los que no oyen. Son como animales de rebaño o peor aún en su extravío. Ésos son los indiferentes* (7:179). Aquí el entendimiento es atribuido al corazón, ya que es con el corazón y no con la mente como percibimos el significado superior de los signos que existen dentro de nosotros y en nuestro entorno. La pérdida de esta habilidad acarrea el ver la forma pero sin percibir su significado, en este caso no hay diferencia alguna entre este tipo de percepción y la de los animales. Los animales están supeditados a sus tendencias de buscar el placer y evitar el dolor, y por lo tanto perciben el mundo de una forma limitada, puramente funcional y unidimensional. Incluso más allá de esto, los seres humanos que funcionan a tan bajo nivel de conciencia se encuentran a la merced de influencias satánicas y por consiguiente vulnerables a convertirse en su comportamiento en seres diabólicos o en seres peores que las bestias. Este es el significado de "*peor aún que las bestias*", y del verso coranico donde se mencionan a "*demonios de hombres y genios*" (6:114).

El alma está sujeta al empuje descendiente de los apetitos animales y cuando se rinde ante ellos de forma incondicional, el resultado es indulgencia incontrolada en el comer, beber, dormir y mantener relaciones sexuales. Está además sujeta al empuje descendiente de los mundos invisibles inferiores, los cuales se apoderan de ella a través de su debilidad moral y sus características inferiores. Cuando el hombre se rinde ante sus debilidades, se convierte en un demonio con forma humana, y personas así son claramente más perjudiciales para ellos mismos y para otros, que los que se dejan llevar por sus apetitos animales. Ambos empujes, aunque no estén en pleno control del individuo, pueden generarle una tendencia evasiva que le mantenga ocupado en actividades triviales que, aunque no estén ni legalmente prohibidas ni sean moralmente censurables, sí que suponen una pérdida valiosa de tiempo y energía y una distracción a la hora de concentrarse en la vida futura, que es realmente la importante.

El alma está también sujeta al empuje ascendente de los mundos superiores ya que son el origen del espíritu y el lugar donde aspira a regresar. Este empuje necesita vencer los otros dos anteriormente citados para liberarse hacia el ascenso que anhela.

El alma humana, por lo tanto, está sometida a tres tipos de influencias que pueden diferenciarse entre ellas de la siguiente manera: La primera, las insinuaciones satánicas (*waswās*), se reconocen por su carácter cambiante. Al diablo no le importa realmente lo que hagamos, siempre y cuando sea inmoral o, si no, por lo menos una pérdida de tiempo. Por lo tanto, susurra una sugerencia detrás de otra, hasta que se acepta una de ellas y es llevada a cabo. El diablo nunca entra en un debate racional, y siempre evita cualquier intento de arrinconarlo en una posición fija. Rápidamente cambia de un argumento irrelevante a otro, eligiendo frecuentemente argumentos emocionales que le ofrecen la oportunidad de obtener una respuesta descontrolada. Cuando una persona se enfadada, está más en sintonía con la naturaleza de los mundos inferiores, ya que ambos, el enfado y el diablo, son fuego. Por lo tanto, un hombre enfadado es más receptivo a las sugerencias del diablo que uno en calma. Esta es la razón por la que el Profeta ﷺ, aconsejó seriamente a la gente no caer presa del enfado, y si caían, deberían sentarse, luego tumbarse, y si permanecían todavía enfadados, ducharse con agua fría.

Las insinuaciones del diablo son diferentes a los pensamientos (*jawāṭīr*) provenientes de las tendencias inferiores de la misma alma, el ego. Los pensamientos se caracterizan por su cualidad de insistencia y porque el alma se muestra reticente a abandonar el placer que exige hasta que es plenamente gratificado. Muestra más coherencia que el diablo y está dispuesta a usar la lógica, siempre y cuando esta esté apoyada por argumentos de su misma naturaleza. Por ejemplo, se la puede prevenir de la tentación de robar, recordándole que a pesar del placer que puede obtener del dinero del que intenta apropiarse, podrían descubrirla y el castigo puede ser demasiado doloroso como para merecer el riesgo. Por lo tanto, el buscar placer descontroladamente tiene que contrastarse con el miedo al castigo, en esta vida o en la siguiente. Esto posiciona a la tendencia de buscar placer en pleno conflicto con la de evitar el castigo, esta última es entonces apoyada por argumentos del mismo tipo hasta que sale victoriosa.

En segundo lugar, se encuentran las inspiraciones angelicales (*ilhāmāt*) que animan al individuo a comportarse virtuosamente y le elevan espiritualmente. Las inspiraciones angelicales se ven frecuentemente sujetas a intentos de subversión o negación por parte del diablo. Y en tercer lugar, se encuentran las inspiraciones de origen divino relacionadas con el amor a Dios, su anhelo y el conocimiento de los mundos superiores.

Vamos a aclarar más a fondo este esquema de influencias metapsicológicas exponiéndolo de nuevo en términos ligeramente diferentes. Por conveniencia, hablaremos del hombre como un ser compuesto de un cuerpo, un alma y un espíritu. El alma se concibe aquí como el espíritu en su nivel más inferior, aun así, es el nivel más estrechamente interconectado con el cuerpo y más influenciado por él. El espíritu vital constituye su componente más inferior. Se puede hablar del alma como si fuera una realidad en sí misma y además percibida con dos caras, una mirando hacia arriba, al espíritu, y otra hacia abajo, al cuerpo. Se piensa incluso que el alma se constituye de dos componentes, uno cognitivo y otro emocional. Cada uno de ellos en consecuencia, también con dos caras. La cara superior de la facultad cognitiva se une con el intelecto en su sentido más elevado como afirma al-Gazālī, es decir, la facultad capaz de recibir inspiración divina directa. La cara inferior sería la facultad de razonamiento, la imaginación y los almacenes de la memoria. En cuanto a la cara superior del componente emocional se refiere, es la que experimenta el amor de Dios y la atracción a los mundos superiores. A un nivel inferior, pero todavía dentro del aspecto superior, se encuentran los correlatos emocionales de las virtudes, tales como la compasión, la generosidad, el coraje. La cara inferior consiste en las emociones en su versión egoísta, en los correlatos emocionales de vicios tales como la avaricia y la arrogancia, y las dos pasiones básicas de los apetitos físicos y de la agresión.

El comportamiento de una persona estará condicionado por el aspecto que tiene ascendencia sobre los otros. Cuando se da rienda suelta a los apetitos físicos, la persona se convierte en un tipo de animal, con su razón y emociones al servicio de sus pasiones. Se reprime la dimensión espiritual y se considera inefectiva. Cuando se da rienda suelta a las emociones, estas contaminan todo el proceso de pensamiento, haciendo al hombre propenso a la parcialidad y a los prejuicios. La dimensión espiritual está aquí de nuevo neutralizada. Pero si se permite exclusiva ascendencia a la razón, la persona se convierte en alguien frío, calculador y semejante a una máquina. Este tipo de personas son fáciles de explotar industrialmente, puede que sean productivos en la investigación y otros empeños prácticos, pero son limitados y materialistas y siempre propensos a la tentación de usar cualquier medio, por muy inhumano que sea, para conseguir sus objetivos.

El estado normal del ser humano es que su tendencia agresiva controle sus apetitos físicos y su debilidad moral, y esta a su vez debería ser dominada por la razón, ya que la función real de la agresión, es ser dirigida contra la maldad, dentro o fuera de uno mismo. La razón debe ser moderada, no subvertida por las emociones, y ambas han de ser reguladas espiritualmente. Cada uno de estos niveles se encuentra íntimamente relacionado con los demás, y cada uno afecta a todos recíprocamente. Por ejemplo, la cognición puede despertar emociones, y las emociones tendrán correlatos fisiológicos: aceleración de los latidos del corazón, presión sanguínea, respiración, sudor, entre otros. Estas reacciones físicas despiertan a su vez otras cogniciones que suscitan más emociones y así sucesivamente.

El círculo vicioso se rompe cuando el individuo aprende a cambiar sus emociones alterando sus pensamientos, y aprende a alterar sus pensamientos estudiando el patrón de la sunna e imitándola tanto como sea posible. Por consiguiente, una persona cuya alma pertenece al nivel de la serenidad, que ha aprendido a desconectarse de las cosas efímeras y se confía así misma a la misericordia y cuidado de su Señor con toda la certeza de que esto nunca le fallará, no se verá sujeta a pensamientos de ansiedad y a la tensión perpetua que el hombre contemporáneo experimenta, como resultado de su estilo de vida. Sin embargo, un alma en estado de constante desconocimiento de su Señor y de la vida por venir, cuya energía está concentrada en su apego al flujo de las cosas mundanas, se encontrará siempre vigilante, bajo una tensión constante, temiendo lo peor e insatisfecho con el giro de los acontecimientos. Cuanto más concentrada está la conciencia del individuo en los aspectos inferiores de su alma y más ausente está de los superiores, más propensa se verá a todo tipo de sugerencias y condicionamientos, y viceversa; cuanto más alto es el foco de su conciencia, más libertad y autodeterminación posee. Por consiguiente, funcionamos de forma ideal, sólo cuando los procesos psicológicos, emocionales y cognitivos se encuentran totalmente controlados por lo más excelente en el hombre.

El cerebro es la unión entre los dominios psicológicos y físicos. Es el lugar donde la percepción sintética, la memoria, la imaginación y el pensamiento lógico se traducen de lo psicológico sutil a lo físico denso y viceversa. Consecuentemente, es necesario un cerebro sano para un funcionamiento mental normal ya que cualquier tipo de patología, en cualquier nivel, lo afectará de acuerdo a su naturaleza, lugar y extensión. Cuando la percepción, el procesamiento de información, o la memoria son afectados, el comportamiento también lo es. Aunque la consciencia, en su sentido superior, no es un fenómeno físico, no se puede manifestar en el mundo físico ni ejercitar acción alguna, sin usar el instrumento físico que es el cerebro. En el caso extremo de enfermedad psicótica o locura, la disfunción del cuerpo lo hace inútil para los propósitos del espíritu, y por consiguiente, la unión del espíritu con el cuerpo se debilita y se reduce al mínimo necesario para mantener el cuerpo vivo, hasta que se recupere o muera. Es como si la influencia del espíritu se retirase de las actividades terrenales, y cuanto mayor es la disfunción del cerebro, más se retira el espíritu. Esto eventualmente lleva al estado que se conoce en el occidente como "convertirse en un vegetal", una expresión, que aunque desconsiderada, indica que lo que hacia al cuerpo humano ya no se encuentra presente.

LA PERSONALIDAD

Existen en cada individuo elementos que son fijos y otros que son capaces de cambiar de forma espontánea o de modificarse deliberadamente. Ambos elementos constituyen la personalidad, es decir, el patrón especifico de cada individuo miembro de la raza humana. El comportamiento que observamos en la superficie es la manifestación externa de la interacción interior de los elementos mencionados anteriormente, además de la interacción social interpersonal entre los mismos elementos en gente diferente.

En relación a los elementos fijos, el Profeta ﷺ, dijo: "Si escuchas que una montaña se ha movido de sitio, créetelo, pero si te dicen que el carácter de un hombre ha cambiado, no te lo creas, permanece como fue creado"[1]. Y dijo: "Los mejores de entre vosotros en el *Ŷāhiliyya* (los días de ignorancia antes del Islam) son los mejores de entre vosotros en el Islam"[2], queriendo decir que aquellos que contaban con los elementos más nobles en sus días de idolatría los mantienen

1 Aḥmad, 6/443.

2 Bujārī, Kitāb al-Anbiyā', 8 y 14; y Muslim, Kitāb Faḍā'il al-Ṣaḥāba, 168.

una vez aceptado el Islam. El cambio de la idolatría al Islam significa que necesariamente ha tenido lugar una reestructuración cognitiva, acompañada de sus correlatos emocionales. Los elementos fijos son las fuerzas de los apetitos naturales, el temperamento y la inteligencia. Un ejemplo sería 'Umar ibn al-Jaṭṭāb, el segundo Califa Bien Guiado, que era conocido por ser temperamental y predispuesto a la violencia. En sus días preislámicos dio rienda suelta a estas tendencias. Una vez aceptado el Islam, estas se conservaron pero ahora estaban al servicio de su fe y no de su ego, y se mantuvieron estrictamente contenidas entre los límites de la ley islámica (*Šarīʿa*).

En cuanto a las segundas, las características que pueden cambiar, estas son principalmente los atributos loables denominados virtudes: la veracidad, la fortaleza, la generosidad y demás, y los atributos reprochables que son los vicios: la deshonestidad, la avaricia, el rencor, y otros muchos. Entendemos que estos atributos pueden modificarse por las numerosas directrices que dio el Profeta ﷺ, a sus Compañeros para que adquirieran las virtudes y se liberasen de los vicios. Esto significa que la persona puede entrenarse para resistir su debilidad y para desarrollar sus virtudes de tal forma que se conviertan en una acción instintiva. Un ejemplo es el *ḥadīṯ* que afirma que un hombre puede mentir y seguir mintiendo hasta que se confirma ante Dios como un mentiroso, es decir, hasta que el mentir se convierte para él en algo instintivo. El mismo *ḥadīṯ* también menciona el caso opuesto, el hombre que persiste en ser sincero hasta que se confirma como tal ante Dios[1].

Los autores musulmanes consideran la personalidad un producto de constitución innata modificado por factores ambientales. La constitución innata incluye la herencia, física y psicológica, la combinación de los cuatro elementos (fuego, aire, agua y tierra en sus modos de caliente, seco, frio y húmedo), y la correspondencia de esta combinación con los signos del zodiaco y los planetas. Este es un tema sumamente complejo, ya que las permutaciones son ilimitadas. La causa de la confusión en

1 Bujārī, Kitāb al-Adab, 69.

las mentes modernas es que, debido al materialismo contemporáneo, se tiende a entender la información literalmente y olvidar que los cuatro elementos no tuvieron nunca como fin identificarse con sus equivalentes visibles, sino que se denominaron fuego, aire, agua y tierra para indicar una correspondencia entre ellos y los elementos visibles. Estos cuatro elementos son el origen de toda materia, ellos mismos se originaron en un principio común, la indiferenciada Hyle (*Hayūlā*, es decir, la materia primordial). Es el mismo caso para la correspondencia entre los siete cielos con los siete planetas. Se denomina a cada cielo con el nombre del planeta más cercano a él, pero los cielos no se pueden identificar de ninguna forma con las órbitas de estos planetas ya que los planetas se encuentran en el cielo visible, mientras que los cielos en el dominio sutil e invisible.

Sólo se entienden estos términos literalmente cuando se pierde de vista la correspondencia entre los diferentes grados o dimensiones de existencia. El conocimiento de estas correspondencias y sus implicaciones en la medicina, psicología, sociología, historia y otras ciencias no pertenece específicamente al Islam, muchas otras civilizaciones precedentes se ayudaban de ello. Los musulmanes que eran eruditos religiosos, filósofos y sufís, entendieron que estas correspondencias contaban con una base en la verdad y las adoptaron para sus distintas escuelas con las variaciones necesarias. Sin embargo, tal perspectiva, se ha convertido en algo tan extraño para la mentalidad actual y es tan improbable darle una utilidad práctica que no la trataremos en más profundidad. Debido a la importancia de la herencia, existe un *ḥadīṯ* que específicamente aconseja cómo elegir esposa, destacando la importancia de evitar elegirla de un origen vil simplemente por ser bella. Existe también un criterio a seguir para que los padres elijan a sus futuros yernos.

En cuanto a los factores ambientales, empiezan poco después del nacimiento con el *aḏān*,la llamada a la oración ritual, en el oído derecho de cada recién nacido y en el izquierdo, el *iqāma*, la segunda llamada que anuncia el comienzo real de la oración. Se les instruye a las madres amamantar a su bebes durante dos años. La leche se considera un canal de influencias importantes, y por esto se prohíbe el matrimonio entre los que han tenido la misma nodriza. Se señala la importancia del tipo y la cantidad de comida que se da al niño a medida que crece. La comida debe ser *ḥalāl*, de fuentes legalmente permitidas, y generalmente frugal. Se le debe enseñar al niño, sin embargo, no a muy temprana edad, que los musulmanes son personas "que comen solo cuando tienen hambre, y cuando lo hacen paran antes de saciarse". El *ḥadīṯ* dice: "El hijo de Adán no llena un recipiente peor que el de su estómago. Unos pocos bocados son suficientes para que el hijo de Adán se mantenga en pie. Pero si debe comer, que asigne a su estómago una tercera parte para la comida, una tercera para la bebida y una tercera para su respiración"[1].

Seguidamente es importante la educación que recibe el niño, las ideas y valores que se le inculcan, el estilo de pensar que se le entrena a adoptar y la gente con la que se le permite relacionarse. Los niños aprenden sus hábitos del entorno. Así aprenden sus modales sociales, a comportarse con cada individuo de la comunidad según su estatus, a cómo comer, beber, dormir, bromear, rezar, ayunar y demás. A medida que los niños crecen, su inteligencia se desarrolla según el patrón de sus padres y maestros, y se les enseñan las creencias y supuestos con los que vive su gente. Finalmente, se encuentran los propios deseos y ambiciones de la persona, que le empujan a desarrollar un carácter determinado.

La personalidad del ser humano es vastamente compleja, y cualquier intento de catalogar a la gente en casilleros, conlleva sus fallos. Existen diferentes sistemas de referencia que pueden usarse para caracterizar a una persona, cada sistema tiene un objetivo específico y cuenta con sus limitaciones. Es posible clasificar a la gente según su nivel espiritual, como se describió anteriormente, aquellos con un "alma que incita", o ego, aquellos con un "alma que reprocha", y aquellos con

1 Tirmiḏī, Kitāb al-Zuhd, 42; Ibn Māŷa, Kitāb al-Aṭʿima, 50.

un "alma serena". También se han expuesto subdivisiones inferiores en esta misma escala.

Una forma semejante, consiste en clasificar a la persona de acuerdo a cuál de las facultades de los apetitos físicos, agresión, nobleza emocional, intelecto, o espiritualidad predominan. El Imam Abū'l'-Azā'im[1] describe cuatro tipos según esta estructura. Aquellos que se parecen a los animales o a los que domina su ego: cuando se despierta su deseo por el placer físico, corren a gratificarlo sin preocuparse si en el proceso pueden dar lugar a un escándalo o acarrean la vergüenza a su familia o a ellos mismos. Están las personas que representan a los predadores o en los que predomina el orgullo y el elemento irascible: pueden sufrir pobreza y hambre pero son demasiado orgullosos para pedir ayuda, y están dispuestos a soportar adversidades para lograr prominencia social o poder político. Controlan sus apetitos por el bien de su reputación. También se encuentran aquellos en los que el aspecto inferior del intelecto, es decir, la facultad racional, les domina y va acompañada de la nobleza, que en este contexto significa su poder para controlar apetitos, agresión e impulsos inferiores. No toleran la humillación o la deshonra y necesitan preservar el respeto de sí mismos. Este tipo es el intermedio entre el predador y el angélico. Finalmente, nos encontramos con aquellos que parecen ángeles ya que predomina en ellos el aspecto más elevado del intelecto: aman, odian y actúan solamente por su Señor.

Otra forma de caracterización es según el temperamento que resulta de los cuatro humores que corresponden con los cuatro elementos.

Para determinar la personalidad también se puede recurrir a las virtudes y vicios descritos en los tratados de ética, y la posición de cada persona puede medirse en un número de ejes, cada uno con una virtud en un polo y su vicio opuesto en el otro. Se pueden añadir los correlatos cognitivos a la presencia o ausencia de cada virtud, junto

1 Imām Muḥammad Mādi Abū'l-ʿAzā'im (F. 1365 AH/1937 DC), un profesor de la Universidad de Khartoum, fue uno de los eruditos más importantes de Egipto y uno de los maestros espirituales del siglo pasado.

con su medida. Seguidamente se puede añadir la estructura cognitiva de cada individuo y otros asuntos de particular importancia individual para completar la descripción: *Que cada uno actúe a su manera* (17:84). La palabra "manera" se entiende aquí por religión, conocimiento, temperamento, virtudes, vicios o constitución emocional. Por último, sin embargo, la personalidad se debe remitir al arquetipo de persona que subsiste en el inmutable conocimiento divino.

LOS SUEÑOS

Al dormir, el espíritu liberado de tener que atender al mundo físico, dirige su atención a las dimensiones invisibles. Puede entonces deambular por el reino intermedio en todos sus grados, ascender al mundo espiritual, e incluso elevarse al Trono Divino y más allá de este, a la Divina Presencia. Estas son las visiones (*ru'yā*). El espíritu puede también tener visiones de gente y eventos de una forma similar al del Mundo de las Similitudes, que a nivel individual es equivalente a la imaginación. Esto significa que lo que ve, es sólo una imagen, no un evento en realidad presenciado, sin embargo es verdadero. Esto es un tipo de sueño. Existen otros dos tipos, aquellos provenientes del alma o psique y aquellos que surgen del dominio sutil inferior, ya que los sueños están sujetos al mismo tipo de influencias que hemos expuesto anteriormente en el contexto de las tendencias del alma y del origen de los pensamientos.

El primer tipo, la visión en sueños, es de origen angélico o divino. Este tipo, es más claro que el agua, posee una cualidad imperiosa, puede tener uno o más significados, y frecuentemente involucra encuentros con profetas, ángeles, hombres de Dios, familiares o amigos difuntos, y viajes a lugares sagrados, Meca y Medina por ejemplo, o cualquier otro lugar de importancia espiritual. A esta categoría también pertenecen los sueños premonitorios, que pueden deberse a que el espíritu es testigo de un evento en los mundos superiores antes de que ocurra en el reino físico o que alguien le informe al respecto. El Profeta ﷺ,

dijo: "Aquellos que me ven, me han visto de verdad, ya que el diablo no puede hacerse pasar por mi"[1]. Esto significa que ninguna influencia inferior puede hacerse pasar por el Profeta ﷺ, y se entiende que lo mismo ocurre con los demás profetas y hombres de Dios. También se sabe que el difunto, encontrándose en la morada de la verdad, generalmente pronuncia la verdad en sueños. El significado de la visión en sueños es en algunos casos evidente a primera vista, sin embargo en otros necesita ser interpretado. El que ha soñado generalmente se despierta sintiéndose sereno, y a veces alegre y deleitado de lo que ha visto.

El segundo tipo de sueño es el ordinario que se origina en el alma y está relacionado con asuntos mundanos y con personas sin gran importancia. El sueño se produce por los movimientos del alma, sus esperanzas, preocupaciones, penas y emociones de amor, celos, enfado, los eventos del día o de los días precedentes, pensamientos anhelantes, y a veces por factores físicos como el frío, el calor, la indigestión, el hambre y la sed.

El tercer tipo, es el sueño demoníaco, que es más o menos una pesadilla, contiene imágenes espeluznantes o espantosas, y es generalmente una experiencia caótica que deja al individuo con miedo, preocupación o repugnancia.

La clasificación de los sueños en visiones, ordinarios y demoníacos es necesaria ya que cada tipo se trata de forma diferente. Las visiones son regalos divinos que alegran el corazón y traen buenas noticias. No se deben interpretar ligeramente, ni por gente sin experiencia. Tampoco se deben divulgar indiscriminadamente, excepto a aquellos que son discretos y están calificados para entenderlos. No son un asunto para especular ni para discutir abiertamente. Los sueños ordinarios, por otra parte, pueden simplemente ignorarse; no son relevantes ni para lo bueno ni para lo malo. En cuanto a los demoníacos, las instrucciones en los *hadices* son: pedir rápidamente protección a Dios contra cualquier mal que pueda haber en ellos, y habiendo recordado a Dios y

1 Bujārī, Kitāb al-ʿIlm, 38; y Kitāb al-Taʿbīr, 10; Muslim, Kitāb al-Ruʾyā, 10 y 11.

entrado por lo tanto en Su fortaleza, el individuo debe seguidamente recostarse sobre el otro lado, volver a dormir, y no mencionar el sueño a nadie. Los *hadices* dicen que cuando se hace esto, estos sueños no traerán mal alguno.

Sin embargo, en realidad estos asuntos son mucho más complejos que la simple impresión que esta representación esquemática pueda exponer. Las visiones pueden verse contaminadas por elementos psíquicos o diabólicos, que pudieran ofuscar el significado y engañar al que sueña acerca de la verdadera naturaleza de la experiencia. Los sueños pierden su claridad cuando las fisuras entre nosotros y los mundos inferiores se agrandan y por lo tanto su influencia se siente más penetrantemente. Esto es por lo que se aconseja a los musulmanes cerrar todas las posibles fisuras que puedan permitir la irrupción de las influencias de las dimensiones inferiores y abrir todas las puertas posibles a las dimensiones superiores para contrarrestar la influencia de las inferiores. Por lo tanto el sueño demoníaco se debe contrarrestar con el recuerdo de Dios y con el consejo de no obsesionarse con ello o mencionarlo, se debe olvidar y confiar en la protección de Dios. Esto es exactamente lo contrario que se hace en el psicoanálisis, y regresaremos a este punto más adelante. Los sueños premonitorios pueden también despertar presentimientos y sentimientos de miedo, aunque cuando se interpretan correctamente mucho de lo que generalmente despierta miedo en la gente resulta ser totalmente inofensivo. Existen también sueños incitados por sugestiones demoníacas que suscitan ciertos elementos lujuriosos en el alma y luego la dejan que lleve a cabo el resto de la experiencia por sí misma. En cuanto a soñar despierto, la experiencia puede ser mucho menos caótica que una pesadilla en pleno desarrollo.

Lo que se conoce actualmente en el Occidente acerca de la fisiología del sueño se resume en no más que la reacción del cerebro a los eventos en los dominios sutiles que hemos expuesto[1]. El cerebro es el

1 Los juristas islámicos han dividido el sueño para sus propósitos en pesado y ligero,

órgano que utiliza el espíritu para llevar a cabo las diversas funciones resumidas anteriormente, y no, como se piensa en el Occidente, el principal instigador de estas.

En cuanto a la interpretación de los sueños, es una ciencia muy antigua que depende de la comprensión del simbolismo. La autoridad en la interpretación de sueños en el Islam era Ibn Sīrīn[1], uno de los Seguidores (*Tābiʿūn*), o aquellos que nacieron en la primera generación después del Profeta ﷺ. Según Ibn Sīrīn la veracidad del sueño depende de cuan benevolente sea el soñador, ya que el *ḥadīṯ* afirma: "Aquellos cuyas visiones son las más verdaderas, son los que son más veraces al hablar"[2]. El hecho de que incluso incrédulos como Faraón y Nabucodonosor a veces tuvieran sueños veraces, se explica porque estas visiones eran relevantes para José, en el primer caso, y para Daniel, en el segundo, ambos profetas divinos. Según Ibn Sīrīn, el que interpreta sueños debe tener un conocimiento profundo del Corán y el *ḥadīṯ*, en cuanto a lenguaje, modos de expresión, símbolos y alegorías se refiere, así como una comprensión profunda de los dichos de los antiguos profetas y sabios, la poesía, los proverbios, la semántica y la derivación de palabras. El intérprete debe comer comida lícita, comportarse con rectitud y sinceridad y decir siempre la verdad. Debe prestar atención al núcleo del sueño y no desviarse con elementos que puedan ser psíquicos o demoníacos. Ya que cada sueño puede tener uno o más lados buenos y uno o más lados malvados, el énfasis debe centrarse en las características en consonancia con el estado general del que sueña, su historial de vida y su comportamiento actual.

Para mostrar la forma en la que los intérpretes descifran los sueños, vamos a tomar algunos ejemplos del libro de Ibn Sīrīn. Aparte de seres elevados, profetas, hombres de Dios y ángeles que obviamente

---

largo y corto, y han detallado las reglas legales para cada tipo.

1 Ibn Sīrīn (F. 11° AH/728–29 DC) era la máxima autoridad en la interpretación de sueños y una autoridad en todos los aspectos. Su libro sobre la interpretación de los sueños sigue siendo el texto básico en el tema hasta el día de hoy.

2 Tirmiḏī, Kitāb al-Ru'yā, I.

nunca mienten, otros seres considerados verídicos son los niños y los animales, ya que son inocentes. Por el contrario, de aquellos que se espera un falso discurso cuando están despiertos, también se espera que mientan respecto a los sueños. Esto incumbe a astrólogos, adivinos y otros. Las cosas que cambian con las estaciones, tales como árboles, fruta, ropa, y demás, se interpretan como referencias a las características de esa estación. Otras cosas se interpretan según su género, luego su especie, y finalmente según sus atributos específicos. Por ejemplo, árboles, bestias, y pájaros se interpretan por su género como personas. Así que si el árbol es una palmera, el hombre es un árabe ya que las palmeras son más comunes en la tierra de los árabes. Si el pájaro es un pavo real, el hombre no es un árabe. Si el pájaro es un predador, un águila, por ejemplo, este atributo se interpreta como perteneciente a un rey, el cuervo denota a alguien que es un traidor o un mentiroso. Existen además otras interpretaciones simbólicas para cada una de las cosas mencionadas. Algunas veces la imagen se interpreta como su opuesto. Por ejemplo, el llanto puede interpretarse como la llegada de alivio después del sufrimiento, el reír puede significar tristeza, el ganador de una pelea puede ser el perdedor en la vida real y así.

Ibn Sīrīn cita los sueños de los Compañeros como ejemplos de cómo las diferencias entre los que sueñan acarrean grandes diferencias en las interpretaciones. Debido al apego de los Compañeros al siguiente mundo, sus sueños eran interpretados en consecuencia, por ejemplo cuando veían dátiles los interpretaban por la dulzura de su religión y la miel representaba la recitación del Corán. Sin embargo para gente aferrada a este mundo, los dátiles y la miel significarían casi siempre placeres físicos. No hay exposiciones sistemáticas de la técnica de la interpretación. Libros todavía existentes sobre el tema se limitan a listar las interpretaciones más probables que se atribuyen a cada imagen o tipo de imágenes, advirtiendo no realizar interpretaciones apresuradas. Incluso, se dijo que Ibn Sīrīn antes de aventurarse a interpretar un sueño, dedicaba medio día a interrogar a la persona sobre los detalles de su vida interior y exterior. Sus discípulos dijeron que de cada cuarenta sueños que le contaban interpretaba uno. La mayoría de los hombres de Dios se muestran reacios a la hora de interpretar sueños y desalientan a otros a hacerlo. En cuanto a los psicoterapeutas musulmanes se refiere, la interpretación de los sueños no se considera indispensable ni tan siquiera una parte importante de la terapia. No necesitamos estudiar el tema ni llegar a ser expertos, ha sido más que suficiente saber las reglas generales y guiarnos en consecuencia por ellas.

Sin embargo, puede que sea apropiado mencionar aquí algunas palabras sobre los símbolos en general, ya que una comprension del principio del simbolismo es provechosa no solo para entender sueños, sino también para ver a través de la pseudointerpretación del psicoanalista, y para entender más allá de lo que nos ofrece la mentalidad literal actual. Un símbolo es una imagen concreta que se utiliza para indicar algo que es invisible e imperceptible a través del aparato sensorial. Es una forma de expresar significados que son demasiado sutiles para ser explicados con palabras o que son demasiado elevados para expresarlos manifiestamente.

Los símbolos se usan con gran frecuencia en el Corán, el ḥadīṯ, la poesía y los escritos espirituales. Cada símbolo debe compartir un atributo esencial con el objeto que indica. Por ejemplo, el corazón, siendo el centro del ser físico de cada uno, se usa para indicar el centro de un lugar, una organización o el centro de la conciencia. En los dos primeros casos, la cosa indicada se encuentra al mismo nivel de existencia que el símbolo, concretamente el reino físico. El simbolismo formal, sin embargo, usa una imagen de un nivel para indicar una realidad de un nivel más elevado. Para volver a la imagen del corazón, cuando se usa para indicar el centro del alma está ya indicando un nivel superior, específicamente el nivel invisible psíquico. Es de esta forma que las expresiones "un corazón de oro" o "un corazón negro" se llegan a usar y se entienden inmediatamente. Por ejemplo, a un nivel superior, se usa el término "corazón" para indicar el espíritu en su aspecto más elevado y por eso se dice: "El corazón del creyente es el Trono del Todo Misericordioso". La *Kaʿba* es el corazón espiritual del mundo terrenal, y es también la proyección en el plano material de todas las casas que existen en los cielos superiores hasta llegar a la Casa Populosa, que es el corazón del universo. La *Kaʿba*, por consiguiente corresponde exteriormente a lo que el corazón es internamente, y es por esto que llamamos a la *Kaʿba* el "corazón del mundo", y a la Casa Populosa el "corazón del universo". Por ello Imām al-Ḥaddād escoge para referirse al corazón con las varias influencias de las dimensiones que le rodean, la aleya del Corán: *Purifica Mi Casa para los que dan vueltas alrededor de ella y los que rezan en pie, inclinados y postrados* (22:26). Del mismo modo, el corazón físico que envía sangre y calor al cuerpo es un símbolo del corazón del hombre de Dios que irradia luz. El corazón también simboliza la *Kaʿba,* que propaga en el mundo terrenal las bendiciones que recibe del mundo superior y simboliza la Casa Populosa, que propaga luz a través del universo. Estas correspondencias se basan en el hecho de que cada dimensión, como mencionamos anteriormente, es la sombra proyectada por la dimensión inmediatamente superior. Por consiguiente, no podría haber gente circunvalando la Kaʿba terrenal si no existiera este modelo en los mundos superiores, concretamente los ángeles y los espíritus circunvalando la Casa Populosa y más elevado aún, circunvalando el Trono Divino.

Una imagen del mundo de las formas es por lo tanto capaz de indicar a una realidad superior desde el dominio sutil; a un nivel superior en el mundo espiritual donde los significados no tienen forma, o incluso superior al arquetipo de esa realidad en el Conocimiento Divino determinado por las combinaciones de Nombres y Atributos divinos, y más allá de eso, la indescriptible Esencia Divina. Por consiguiente, la aleya que afirma: *Y a Dios Le corresponde la descripción más alta* (16:60), puede entenderse como que el significado más elevado de cualquier símbolo es Dios mismo. Por esta razón los comentaristas tradicionales dicen que la "similitud más elevada" es *Lā ilāha il lal lāh*.

Otro ejemplo es el *ḥadīṯ*: "Habeis regresado al mejor de los regresos, habeis vuelto de la lucha menor a la superior, la lucha del siervo contra sus pasiones"[1]. La imagen de hombres en armas luchando entre ellos se usa aquí para hacer comprender la batalla entre los aspectos animales y demoníacos del ser humano y sus aspiraciones espirituales superiores. Que la batalla interior es más importante y real que la exterior se aclara denominándola "la batalla mayor", *Ŷihad*. Ambos tipos de *Ŷihad* son versiones inferiores de la batalla cósmica entre el bien y el mal, donde a cada nivel de existencia las fuerzas del mal se personifican con Satanás y su ejército y las fuerzas del bien con la Asamblea Suprema y sus representantes.

Para el último ejemplo mencionemos la frecuente comparación que se hace del Profeta ﷺ con la luna llena. La luz del sol es demasiado fuerte para que la miremos directamente, sin embargo, podemos ver su reflejo en la superficie de la luna. De igual forma, no podemos contemplar la Luz Divina, pero sí su reflejo en el Profeta ﷺ. En este caso la correspondencia entre los símbolos y lo que representan es fácil de comprender.

El patrón universal es que a medida que el individuo asciende a través de los distintos niveles, la organización, armonía, belleza y perfección aumentan, y cuanto más se aproxima el hombre a la perfección absoluta de Dios, más sobresalientes se hacen estos principios. De igual forma, cuanto más se desciende en la dirección opuesta, más caóticas y diabólicas se vuelven las cosas. Por lo tanto, el inconsciente colectivo donde Carl Jung buscaba sus pseudoarquetipos no es en realidad, sino el maligno y caótico mundo inferior.

1 Bayhaqī, Kitāb al-Zuhd, 2/165.

3. Los Tiempos

La Revelación nos enseña que la humanidad se encuentra en una trayectoria inevitable de deterioro que solo terminará con la llegada de la Hora. Puesto que el Islam es el pilar y la raison d'etre de la civilización que florece en su tierra, el grado de decadencia de esa civilización se tiene que calcular, básicamente, en la medida en que la religión misma se ha debilitado. El Profeta ﷺ, transmitió detalladamente a sus Compañeros, a lo largo de los años, el criterio según el cual se debe llevar a cabo esta evaluación. Este criterio fue resumido en el largo discurso que pronunció durante el transcurso de su peregrinaje de despedida cuando llorando ante la puerta de la Kaʿba y sujetando su mango, se dispuso a encomendar a sus Compañeros el conocimiento de lo que vendría: una encomienda que tendrían que transmitir a generaciones sucesivas para que un día nos llegase y nos ayudase a protegernos de los futuros peligros.

El Profeta ﷺ, proclamó que las tres primeras generaciones de Musulmanes eran superiores a todas las sucesivas, a pesar de que las siguientes se considerasen más "civilizadas". El criterio principal de superioridad en este caso, más que el bienestar económico, es la cercanía de Dios y el profundo entendimiento de la religión.

Él dijo ﷺ "Los mejores de mi nación son aquellos de la generación en la que surgí, luego los de la siguiente, y luego los de la siguiente"[1]; y "Los rectos desaparecerán uno tras otro, y sólo quedarán sus restos como los de la cebada o los dátiles"[2]; y "Los nudos del Islam se irán deshaciendo uno tras otro. Cuando un nudo se deshaga la gente se agarrará fuertemente al siguiente. El primero en deshacerse será el dictamen (según la Ley), y el último, la oración ritual"[3]; y "El Islam empezó como algo extraño y volverá a ser extraño. Por lo tanto, benditos son los extraños que se mantienen virtuosos cuando los demás se corrompen"[4].

Según el Profeta ﷺ, la vida es preferible a la muerte cuando los tiempos son buenos, sin embargo, el virtuoso preferirá la muerte cuando los tiempos se corrompan. "Cuando vuestros gobernantes sean los mejores de entre vosotros, vuestros ricos generosos y vuestros asuntos se decidan consultando, entonces la cara de la tierra es mejor para vosotros que su vientre. Pero cuando vuestros gobernantes se convierten en los peores de entre vosotros, vuestros ricos sean tacaños y vuestros asuntos los decidan vuestras mujeres, entonces el vientre de la tierra será mejor para vosotros que su superficie"[5].

Es fácil deducir de los numerosos *hadices* que describen cómo será el tiempo al aproximarse la Hora, que el Profeta ﷺ, predijo un cambio progresivo desde el orden hasta el caos implicando un sinfín de posibles parámetros. Esta tendencia hacia un incremento en el extravío incluirá parámetros religiosos, políticos, sociales, físicos, psicológicos y ecológicos.

El deterioro del gobierno se describe en los siguientes *hadices*: "Habrá después de mí, sucesores (*Julafā'*), después de los sucesores, jefes; después de los jefes, reyes; después de los reyes, tiranos. . ."[6] y, "Habrá

1 Bujārī, Kitāb Faḍā'il al-Nabī, I; Muslim, Kitāb Faḍā'il al-Ṣaḥaba, 210.
2 Bujārī, Kitāb al-Riqāq, 9, y Kitāb al-Magāzī, 35.
3 Aḥmad, 5/251, y 4/332.
4 Muslim, Kitāb al-Imān, 232;Tirmiḏī, Kitāb al-Imān, 3.
5 Tirmiḏī, Kitāb al-Fitan, 78.
6 Ṭabarānī, Kabīr, 22/374; al-Haytamī, *Maŷmaʿ aL-Zawā'id*, 5/190.

gobernantes que confortarán vuestros corazones y suavizarán vuestra piel, seguidamente vendrán los gobernantes que encogerán vuestros corazones y estremecerán vuestra piel de repugnancia"[1].

Los sucesores mencionados son los Califas Bien Guiados, que gobernaron directamente después de la muerte del Profeta ﷺ, aquellos a quienes el seguir los pasos de su maestro, les hizo merecer el titulo de califa. Por "jefes" se entienden aquellos gobernantes que fueron los adelantados entre sus pares, no gobernantes absolutos, sin embargo, a pesar de que continuaron usando el título de califa, ya no eran dignos de llamarse así debido a su desviación de la estricta adherencia a la *Šarīʿa*.

Se indican dos grados más alejados aún de la *Šarīʿa* con las palabras "reyes" y "tiranos". En los reyes sigue existiendo una cierta nobleza mundana, pero no en los tiranos que han perdido toda compostura moral. Estos hombres se rodearán de cortesanos para conseguir sus objetivos personales a costa de la gente. Numerosos *hadices* explican este hecho más a fondo. "Dios no ensalza nunca a un Profeta, ni establece un califa si no que se encuentran rodeados de dos tipos de gente: aquellos que hacen el bien e instan a hacerlo y aquellos que hacen el mal e instigan a ello. . ."[2], "Ninguna nación cayó en discrepancia después de su profeta, hasta que los que sostenían la falsedad derrotaron a los que defendían la verdad"[3]. "Los mejores de vuestros líderes son a los que vosotros queréis y quienes os quieren, por los que vosotros rezáis y rezan por vosotros, y los peores de vuestros líderes son aquellos que os odian y a quienes odiais, y aquellos que maldecís y os maldicen". Dijeron: "Oh, Mensajero de Dios, ¿debemos luchar contra ellos?" Respondió: "No mientras os permitan el cumplimiento del rezo. Aquel que esté gobernado por el que comete faltas graves déjale que deteste las faltas que comete pero que no abandone la obediencia"[4]. "Llegará un tiempo en el que los gobernantes serán imprudentes promoverán

1 Aḥmad, 3/28; Bayhaqī, *Šuʿab al-Imān*, 6/64.
2 Bujārī, Kitāb al-Qadar, 8, y Kitab al-Aḥkām, 42.
3 Tirmiḏī, Kitāb al-Zuhd, 34; Aḥmad, 3/39.
4 Tirmiḏī, Kitāb al-Fitan, 77; Aḥmad, 6/34 y 38.

lo peor de la gente mientras pretenden ensalzar a los mejores y atrasarán los rezos de sus tiempos establecidos. Aquellos que vivan estos tiempos deben negarse a actuar para ellos como auxiliares, policías, recaudadores de impuestos o tesoreros"[1]. "Al final de los tiempos llegarán gobernantes perversos, ministros corruptos, jueces que traicionan su responsabilidad y eruditos que mienten. Aquellos que vivan estos tiempos no deben actuar para ellos como auxiliares, recolectores de impuestos, tesoreros o policías"[2].

Estos son los gobernantes que "causan que se encoja el corazón del individuo y que la piel se estremezca de repugnancia"[3]. ¡Qué familiares resultan estos sentimientos entre los musulmanes de hoy en día, cuyos gobernantes han olvidado totalmente lo que es la *Šarīʿa*, y cómo se incrementa el sentimiento de malestar en aquellos países en los que los gobernantes todavía pretenden apoyar la *Šarīʿa*!

El Profeta Muḥammad ﷺ dijo: "Aquello que destruyó a los que os precedieron es que cuando el noble de entre ellos robaba, se le perdonaba, sin embargo cuando lo hacia el débil se le castigaba. . ."[4] También instó a los musulmanes a mantener firme su adhesión a la Šarīʿa cuando sus dirigentes la abandonen. "La rueda del Islam se encuentra ahora en movimiento. Seguid el Libro de Dios donde quiera que os lleve. El Libro y los gobernantes se separarán, así que no abandonéis el Libro"[5]. Y advirtió de las consecuencias de abandonar el Libro: "Los gobernantes romperán su promesa con Dios y Su Mensajero, y Dios les enviará enemigos que les arrebataran sus riquezas. Dejarán de juzgar según el Libro de Dios y la Sunna del Mensajero de Dios, y Dios les hará que se peleen los unos con los otros"[6].

Las dos barreras que se levantaron entre los musulmanes y la sub-

1 Ibn Ḥibbān, *Ṣaḥīḥ*, 10/446.
2 Ṭabarānī, *Awsaṭ*, 4/277, y *Ṣagīr*, 1/340.
3 Muslim, Kitāb al-Imra'a, 65; Tirmiḏī, Kitāb al-Tafsīr, Sūra 49.
4 Bujārī, Kitāb al-Ḥudūd, 13; Muslim, Kitāb al-Ḥudūd, 8.
5 Al-Haytamī, *Maŷmaʿ az-Zawāʾid*, 5/238.
6 Al-Ḥakim, *al-Mustadrak*, 4/540; al-Bayhaqī, *Šuʿab al-Imān*, 3/197; al-Haytamī, *Maŷmaʿ al-Zawāʾid*, 3/65.

versión fueron los poderes religiosos y políticos. La función del poder político es la de proteger al religioso y permitirle ejercer su tarea plenamente. Los eruditos religiosos son los guardianes del conocimiento revelado. "Los eruditos son los herederos de los profetas: los profetas no dan ni dinares ni dírhams, sino conocimiento, y aquellos que lo reciben, habrán recibido un gran regalo"[1]. La gradual desaparición del conocimiento y la supremacía de la ignorancia darán como resultado un descenso en el número de eruditos verdaderos y un aumento en los falsos. "Dios no elimina el conocimiento arrebatándoselo a la gente, sino que lo elimina llevándose a los eruditos hasta que, cuando no queda ninguno verdadero, la gente hace a los ignorantes sus líderes que contestan sin conocimiento, de este modo se desvían y desvían a otros"[2].

El fenómeno se observa claramente en la actualidad. Cada vez que escuchamos sobre la partida de un gran hombre de Dios y preguntamos por su sucesor, estamos casi siempre seguros de no encontrar a nadie. En cuanto a los falsos eruditos, el Profeta ﷺ, habló sobre ellos a sus compañeros:

> Es una señal de la aproximación de la Hora que abundarán en vuestros púlpitos los predicadores [los que predican lo que no practican] y vuestros eruditos se asociarán con los gobernantes, y harán *ḥalāl* (lícito) para estos lo que es *ḥarām* (ilícito) y*ḥarām* lo que es *ḥalāl*. Les darán los reglamentos que deseen. . .[3]

> Viviréis un tiempo en el que los sabios abundarán mientras que los predicadores serán unos pocos, aquel de vosotros que abandone un décimo de lo que haya aprendido se desviará. Llegará una época en la que será muy poca la gente que tenga conocimiento, mientras que pulularán los predicadores, en este momento, aquellos que se aferren a la décima parte de lo aprendido estarán a salvo[4].

1 Bujārī, Kitāb al-ʿIlm, 10.
2 Bujārī, Kitāb al-ʿIlm, 34, y Kitāb al-Fitan, 25; Muslim, Kitāb al-ʿIlm, 11.
3 Imām Mālik, *al-Muwaṭṭaʾ*, Kitāb al-Safar, 88.
4 Aḥmad, 5/155; al-Haytamī, *Maŷmaʿ al-Zawāʾid*, 1/187.

En cuanto al incremento gradual de la distancia entre el musulmanes común y la práctica verdadera de la religión, se ha descrito de la siguiente manera:

> Todo tiene un esplendor y un ocaso. El esplendor de esta religión es cuando toda la tribu tiene tanto conocimiento que sólo un hombre o dos se mantienen apartados de la religión. El ocaso de esta religión es cuand toda la tribu se encuentra tan alejada del conocimiento, que sólo hay uno o dos hombres con conocimiento, los cuales serán abrumados y humillados y no serán capaces de encontrar ayuda[1].

El resultado de esta distancia es la pérdida de la conducta moral, la disolución de los lazos familiares y la inversión de las prioridades. La gente se volverá materialista, enfrascada en la gratificación de sus apetitos animales, y dispuesta a hacer lo que sea con el fin de ganar rápidamente. La gente olvidará que existe una vida por venir y que tendrá que rendir cuentas por cada acción cometida. Los musulmanes que tengan una conciencia viva se verán negativamente afectados por este ambiente prevaleciente, incluso cuando ellos mismos no están involucrados en ninguna mala acción. Por ejemplo: "Llegará un momento en el que la gente aceptará la usura, aquellos que no la acepten se verán afectados por su polvo"[2]. Abundarán aquellos que tranquilicen su conciencia con falsas justificaciones.

"Llegarán años de decepción, se creerá al mentiroso mientras que al veraz se le dará la mentira, se confiará en el traidor mientras que se desconfiará del honesto, y hablarán los *ruwaybida*. "¿Qué son los *ruwaybida*? Preguntaron, y respondió: "Hombres mezquinos que dan su opinión sobre asuntos públicos"[3]. La palabra ruwaybida no era conocida, incluso entre los árabes, sin embargo revela mucho cuando se reflexiona sobre su significado. Su raíz, r-b-d significa "ser vulgar", "tumbarse" o "agacharse". *Ruwaybida* es el plural de la forma diminutiva

1 ʿAjlūnī, *Kašf al-Jafa*, 2/172, asignado a Abū Nuʿaym y Ibn al-Sunnī.

2 Ibn Māŷa, Kitāb al-Tiŷāra, 58; Nasā'ī, Kitāb al-Buŷūʿ, 2.

3 Ibn Māŷa, Kitāb al-Fitan, 24.

de la palabra. Esto indica no solo a aquellos que son vulgares y mezquinos, sino que son tan débiles e insignificantes, y que por lo tanto fracasan incluso en ser malos. Solo tenemos que echar un rápido vistazo a los medios de comunicación para encontrar *ruwaybida* por todos los sitios. Gente ignorante llena de orgullo, pronunciándose en asuntos públicos de los musulmanes. Personas que sin vacilar, ofrecen opiniones sobre temas de los que no saben absolutamente nada, embaucando a la gente con sus aseguraciones y extraviando a otros. Este es otro ejemplo en el que Profeta ﷺ, habló de temas que no podían entenderse antes de la llegada de los medios de comunicación de masas. No hace muchos años, cada comunidad musulmana sabía quién podía hablar y a quién le correspondía escuchar, quién tenía conocimiento y quién lo necesitaba. A ningún ignorante, a ningún sembrador de discordia o calumniador se le permitía hablar en público. Actualmente, bajo el pretexto de la libertad de expresión, los periódicos y cadenas de televisión compiten entre sí en propagar escándalos, el más escandaloso se asegura de captar la audiencia más amplia. Este es uno de los signos más caraterísticos de los tiempos. Otras señales, como se mencionan en los *hadices* son:

> "Llegará un tiempo en el que al hombre no le importará cómo gana su dinero, lícita o ilícitamente"[1].
>
> "...Vendrán gobernadores después de mí, que ni seguirán mi guía, ni imitarán mi ejemplo, aquellos que aprueben sus mentiras y les ayuden en su injusticia, no serán de los míos, ni yo de ellos. No vendrán a beber de mi estanque. Sin embargo aquellos que no apoyen sus mentiras ni les ayuden en su injusticia, son de los míos y yo soy de los suyos. Vendrán a beber de mi estanque"[2].
>
> "Aparecerán al final de los tiempos hombres que venderán la otra vida por este mundo, llevarán piel de oveja, serán suaves, su

1 Nasā'ī, Kitāb al-Buŷūʿ, 3 y 5.
2 Al-Ḥakim, *al-Mustadrak*, 4/422.

forma de hablar será más dulce que el azúcar, pero sus corazones serán corazones de lobos"[1].

"No se vuelven malvadas las acciones de la gente hasta que no decoran sus mezquitas"[2].

"El dinar y el dírham han destruido a aquellos que os precedieron y os destruirá a vosotros también"[3].

"...El hombre obedecerá a su mujer mientras antagoniza a su madre, acercará a su amigo mientras aleja a su padre. Alzarán sus voces en las mezquitas. Los más corruptos gobernarán las tribus y el líder de la gente será el más vil entre ellos. Se tratará a algunas personas con respeto solo por miedo a su maldad"[4].

"Es una señal de la Hora que el conocimiento desaparecerá y predominará la ignorancia, aumentará el adulterio y el alcohol"[5].

"Es una señal de la proximidad de la Hora que se elevará a la gente malvada, mientras que se humillará a la gente buena, el hablar será profuso mientras que la acción escasa y se leerán ante la gente escritos que nadie reprobará" "¿Cuáles son estos escritos? Se preguntó. Contestó: "Lo que se ha escrito aparte del Libro de Dios, Augusto y Majestuoso sea"[6].

El egocentrismo es una de las palabras que mejor describe el estado que predomina en la gente de hoy en día. Una vez que el individuo se deshace de todo aquello que le puede ayudar a entender el propósito de su existencia y su papel como ser humano, el centro de su conciencia cesa de ser el corazón y se convierte en su ego. Se convierte así en alguien superficial, despreciable, presuntuoso y totalmente absorto en los aspectos animales de su vida. El ego, el aspecto más bajo del alma, pasa a ser el centro de su ser. Gente de este tipo se encuentra

1 Tirmiḏī, Kitāb al-Zuhd, 59.
2 Ibn Māŷa, Kitāb al-Masāŷid, 2.
3 Ibn Ḥibbān, *Ṣaḥīḥ*, 2/469; Ibn Abī Šayba, *Musannaf*, 7/506.
4 Tirmiḏī, Kitāb al-Fitna, 38.
5 Bujārī, Kitāb al-ʿIlm, 21 y Kitāb al-Ḥudūd, 20; Muslim, Kitāb al-ʿIlm, 8 y 9.
6 Al-Ḥakim, *al-Mustadrak*, 4/554.

activamente adorando su dinero y sus apetitos animales. Esta es la idolatría escondida que se menciona en los *hadices*. La consecuencia de tal egocentrismo es que, en sus aspiraciones vanales, deberían haber tenido que descartar las restricciones religiosas y morales de la antigüedad y justificar la mentira, el engaño y la deslealtad por razones de conveniencia.

Ya que es un decreto divino que en su mayoría, la gente esté gobernada por los dirigentes que se merecen, ya que estos son en cierta manera espejos de sus sociedades, la gente que acabamos de describir, al ser los peores, serán gobernados por los peores. El liderazgo político de los musulmanes originalmente se entendió originalmente como la prerrogativa de los mejores hombres de la comunidad, o de aquellos que combinaban la maestría de las ciencias religiosas con una personalidad noble, generosa, estable y desprendida, y poseían las virtudes, sabiduría y fuerza de decisión que son los requisitos imprescindibles para el adecuado cumplimiento del rol de califa. Estas cualidades solo las poseían plenamente los primeros cuatro Califas Bien Guiados; después de ellos, este tipo de gente se convirtió en la excepción más que en la regla, hasta que en la actualidad han desaparecido por completo. Sin embargo, a pesar de que, después de los primeros cuatro califas, los gobernantes junto con su sequito siempre han sido más o menos corruptos, esta corrupción se limitaba esencialmente a su comportamiento personal y estaban frecuentemente sujetos a la censura y crítica de los *ʿulamāʾ* (eruditos de la religión). El poder de la religión era tal, que la mayoría de las veces, los gobernantes se veían obligados a prestar atención. Por consiguiente, la corrupción de la minoría que gobernaba no se extendía e infectaba a toda la comunidad, que continuaba viviendo según una jerarquía de valores que nunca otorgaba más importancia a este mundo que al siguiente.

Sin embargo, a medida que se aproxima la Hora, los individuos de la comunidad más susceptibles al soborno se encontrará en cargos de poder financiero y político. El Profeta ﷺ, dijo: “El hombre más corrupto dirigirá cada tribu y el hombre más vil conducirá a cada pueblo"[1]. También mencionó que veremos, "rapacidad reinante, pasiones obedecidas, prioridad a este mundo y la admiración del individuo por sus propias opiniones"[2] y, "se perderá la confianza y las responsabilidades se asignarán a los que no se las merecen"[3]. "La gente de esta época se verá privada de su entendimiento; quedarán solo personas que parecen polvo, la mayoría de ellos no sabrán nada y creerán que lo saben todo"[4]. Seguidamente tendremos gobernantes que son brutales y opresivos con su pueblo, pero débiles e ineficientes ante la intromisión y la coacción extranjera. Intentarán consolidar su gobierno silenciando toda crítica y necesitarán para ello, comprar o corromper a los *'ulamā'* usándolos para implementar sus planes. Aquellos a los que no puedan comprar se les intimidará y se les prohibirá expresar sus opiniones en las mezquitas o en los medios de comunicación. Algunos serán perseguidos, encarcelados, torturados o ejecutados. Habiendo perdido sus portavoces, la vulnerabilidad de la nación a la subversión se multiplicará. Se adoptarán sistemas legales extranjeros y se ignorarán los reglamentos de la *Šarīʿa*. Los sobornos serán redefinidos como regalos o comisiones, se legalizará la usura y se impondrá sobre la gente hasta tal punto, que será casi imposible ganar un sustento puramente *ḥalāl*, ya que todo el dinero se procesará a través de los bancos y estará manchado incluso para aquellos que no aceptan la usura.

Uno de los resultados de la corrupción del gobierno y los eruditos es que, como se ha mencionado en los *hadices*, la mayoría de los musulmanes ignorantes adoptarán indiscriminadamente las formas occidentales.

El Profeta ﷺ, dijo: "Seguiréis la forma de los que os antecedieron, palmo por palmo y codo por codo, hasta tal punto que si fueran a entrar por el agujero de un lagarto les seguiríais". Preguntaron, "¡Oh

1 Tirmiḏī, Kitāb al-Fitna, 38.

2 Tirmiḏī, Kitāb at-Tafsīr, Sūra 5; Abū Dāwūd, Kitāb al-Malāhim, 4/123; Ibn Māŷa, Kitāb al-Fitan, 21

3 Bujārī, Kitāb al-ʿIlm, 3, y Kitāb al-Riqāq, 35.

4 Ibn Māŷa, Kitāb al-Fitan, 10.

Mensajero de Dios! ¿los judíos y los cristianos?" Respondió, "¿y quien más?[1] Y dijo: "Los peores de esta nación seguirán las formas de aquellas naciones que les precedieron. . ."[2] Y "¡Oh Dios! Guárdame de que me llegue el tiempo en el que no se escuche a los que poseen conocimiento, y en el que se ignore a los decentes. Sus corazones serán corazones de extranjeros, mientras que su idioma será todavía el de los árabes"[3]. Que esto estaba cargado de peligros quedó claramente indicado con advertencias como los siguientes: "No es uno de nosotros el que imita a otro diferente a nosotros. No imitéis ni a los judíos ni a los cristianos. . ."[4] y "Aquel que imita a cierta gente, es uno de ellos"[5].

Una de las señales del distanciamiento de la nación de la Sunna del Profeta ﷺ, es que se abandonan las formas tradicionales de vestir. Por ejemplo, el abandono del turbante se dijo que sería una señal de que los musulmanes sufrirían humillación y perderían su dignidad. "Los turbantes son las coronas de los árabes, cuando se los quiten, habrán perdido su dignidad"[6]. También dijo que los hombres volverían a llevar coronas, es decir, que adoptarían la forma de vestir de los incrédulos, ya que en los primeros días del Islam, los musulmanes veían que los persas llevaban algo sobre sus cabezas, lo que en aquel tiempo se describía como coronas. En la actualidad se puede entender que se refiere a los sombreros o cascos de estilo occidental. El significado de esta parte del *ḥadīṯ* es que la gente abandonará su tradicional y digna forma de vestir, incluyendo los turbantes. La importancia del turbante siempre ha sido obvia para los musulmanes y se ha llevado ininterrumpidamente por cada hombre musulmán durante catorce siglos, desde Marruecos a Malasia y desde Mauritania hasta Turquestán. Solamente en la actualidad ha empezado la gente a olvidar, que para los musulmanes, la cor-

1 Bujārī, Kitāb al-Iʿtiṣam, 14, y Kitāb al-Anbiyā', 50; Muslim, Kitāb al-ʿIlm, 6.
2 Aḥmad, 4/125.
3 Ibídem, 5/340.
4 Tirmiḏī, Kitāb al-Isti'ḏān, 7 y Kitāb al-Adab, 41.
5 Abū Dāwūd, Kitāb al-Libās, 4.
6 Bayhaqī, *Šuʿab al-Imān*, 5/176.

tesía en la mezquita y en los encuentros sociales es mantener la cabeza cubierta, preferiblemente con un turbante, contrario a la costumbre de quitarse el sombrero como señal de cortesía.

La prohibición de que los hombres lleven ropa de mujer y viceversa y los otros muchos requerimientos y sunnas relacionados con la vestimenta evidencia más a fondo la importancia que el vestir tiene desde el punto de vista religioso, psicológico y social.

Se interrumpirán las relaciones sociales. Las responsabilidades llevadas a cabo tradicionalmente por las familias, clanes y tribus pasarán a ser obligación del gobierno. Disminuirá el sentimiento de responsabilidad del individuo, y entonces surgirá la necesidad de servicios sociales, residencias de ancianos y demás. Las trampas en el comercio serán la norma, y como parte de la inhabilidad de la gente para distinguir entre lo bueno y lo malo, se confiará en el comerciante con labia mientras que se desconfiará del honesto.

Una sociedad así, habiendo descartado la mayoría de sus responsabilidades religiosas, no tendrá nada que hacer a parte de competir en la construcción de rascacielos y grandes proyectos. El *ḥadīṯ* dice: "Verás al desnudo, al descalzo, y a los pastores construir edificios cada vez más altos"[1], indicando que al beduino le llegaría una gran cantidad de riqueza. Que el resultado de este repentino incremento en la riqueza sería nefasto se indica claramente en otro *ḥadīṯ*: "No es la pobreza lo que temo por vosotros, sino que temo que el mundo os abra sus puertas, que compitáis por él como lo hicieron naciones previas, y que os destroce como les destrozó a ellos"[2]. La destrucción en cuestión es obviamente religiosa y moral, relacionada con el estado de la gente en el Día del Juicio.

Actualmente se respeta a la gente por su riqueza y por sus logros en el campo del deporte o el espectáculo. Los más famosos son las estrellas de fútbol y los actores y actrices cuyos pósteres adornan las paredes de

1 Bujārī, Kitāb al-Imān, 37, y Kitāb al-Fitan, 35; Muslim, Kitāb al-Imān, 1, 5 y 7.
2 Bujārī, Kitāb al-Magāzī, 4016.

las habitaciones de los adolescentes. Esto significa que la trivialidad y la superficialidad están a la orden del día. Uno de los resultados más alarmantes de esta mentalidad es que la gente ha malinterpretado el dicho que ordena, "Trabaja para este mundo como si fueras a vivir para siempre, y trabaja para el siguiente como si fueras a morir mañana". Siempre ha estado claro para los musulmanes que el significado es que si fueras a morir mañana, intentarías borrar todas las transgresiones cometidas y acumular tantos méritos como fuera posible para protegerte de los horrores del infierno. No quedaría mucho más tiempo para hacer nada más aparte de esto, ni siquiera para lo que generalmente se percibe como vital, como la alimentación y el sueño. Si por el contrario, el individuo espera vivir para siempre, no tendría ninguna prisa en construir palacios, acumular dinero o concentrar su entera energía en disfrutar de todo el placer físico que pueda en el menor tiempo posible; la persona tendría literalmente "todo el tiempo del mundo". A menos que la persona tenga un interés particular en malinterpretar este dicho, es muy difícil ver cómo puede entenderse que ordena poner más importancia en alcanzar objetivos mundanos, sin embargo es así exactamente como se entiende hoy en día.

Otro resultado de la degeneración generalizada de la nación es que caerá víctima de la ambición y avaricia de otras naciones. El Profeta ﷺ, dijo en una ocasión a sus compañeros: "Las naciones se invitarán unas a otras a comeros de la misma forma que los que van a empezar a comer se invitan unos a otros del mismo plato". Ellos, los leones del Islam, cada uno de los cuales valía literalmente un ejército, se sorprendieron mucho y no podían darle otra explicación a este fenómeno tan extraño, que no fuera que en este tiempo los musulmanes fueran una minoría. Así que preguntaron, ¿Seremos entonces en esta época unos pocos? Y contestó: "Por el contrario, seréis una multitud, pero una escoria, como la que flota en la superficie de las inundaciones. Dios quitará del corazón de vuestros enemigos el miedo que os tiene y arrojará la debilidad en los vuestros". Los compañeros preguntaron de nuevo sobre la naturaleza de esa "debilidad" y contestó: "El amor por este mundo y la aversión a la muerte"[1]. Con qué exactitud describe esto a los musulmanes de hoy en día: insignificantes, sin peso alguno, llevados por las tendencias de su tiempo, sin el carácter necesario para conseguir lo que se requiere, metiéndose con entusiasmo en cualquier agujero de lagarto que los incrédulos les cavan. Esta es la razón por la que "la espada no se usa ya en el *Ŷihad*", porque el amor a este mundo y la aversión a la muerte han vencido cualquier intento interior y exterior de *Ŷihad*. El resultado de estas tendencias se describe con más exactitud en los *hadices* que afirman que los musulmanes cercanos al final del tiempo tendrán, "las lenguas de los árabes y los corazones de los que no son árabes"[2]. Esta profecía, significa que se encontrarán tan occidentalizados que no les quedará nada de su legado excepto su idioma, es lo que ha ocurrido con un gran número de la comunidad musulmana. Piensan, visten, se comportan y reaccionan como occidentales y no les queda nada que les identifique, sino su lenguaje. Tal es ahora el estado de la última comunidad profética, la depositaria de la verdadera herencia del hombre.

Los signos que hemos tratado en este capítulo se denominan los signos menores de la venida de la Hora. Todos ellos han ocurrido ya hasta el mínimo detalle. Solo quedan los grandes conflictos y sublevaciones previas a la aparición de la primera de las grandes señales, concretamente la del Mahdī. La descripción que hemos presentado aquí, a veces suscita objeciones y sus implicaciones se dejan a un lado argumentando que son muy pesimistas. Existen aquellos que aseguran que es mejor taparse los ojos ante el fondo del abismo y que la tecnología nos aportará todas las respuestas necesarias. Sin embargo, debemos afrontar la realidad y saber que no es por nada que el Profeta del Islam, que es también el Profeta del Final de los Tiempos, nos dejó una descripción tan exacta de la situación actual. Tenemos que dejar de albergar esperanzas ingenuas de reformas radicales y ocuparnos de los temas

1 Abū Dāwūd, Kitāb al-Malāḥim, 4/111; Aḥmad, 2/359 y 5/278.

2 Aḥmad, 5/340.

en cuestión de forma realista, trazando la solución propuesta según el tamaño de cada problema, con objetivos y expectativas razonables.

El despliegue del tiempo es también el despliegue de los innumerables ritmos y ciclos cósmicos. Los hombres nacen, maduran, envejecen y mueren, y lo mismo ocurre con las civilizaciones, religiones, sistemas solares y galaxias. Los signos que acabamos de mencionar son los de la vejez y la decadencia de la humanidad. Para el mundo islámico, el descenso no ha sido uniforme. Este descenso se ha visto interrumpido en el orden religioso o político o en ambos, por periodos en los que se ralentizó y, a veces, parecía haberse revertido temporalmente. Cada cierto tiempo aparece un gobernante que es mejor musulmán que la mayoría y durante su reinado la situación mejora, sin embargo, una vez que muere los acontecimientos reanudan su descenso anterior. Uno de estos ejemplos fue Ṣalāḥidīn (Saladín). Lo que es todavía más importante, el Profeta ﷺ nos informó: "Dios alzará de mi nación al principio de cada siglo, aquellos que renovarán la religión"[1], lo que significa que estos líderes religiosos le darán un nuevo ímpetu, solucionarán los problemas conceptuales específicos de cada época y hablaran a la gente en el lenguaje que mejor se adapte a su mentalidad. El mayor y último de estos renovadores será el Mahdī.

1 Abū Dāwūd, Kitāb al-Malāhim, 1 y 4/109.

SEGUNDA PARTE

El Occidente

4. La Civilización Invertida

ADOCTRINAMIENTO

Dí: ¿Queréis saber quiénes serán los más perdedores por sus obras? Aquellos cuyo celo por la vida del mundo los extravió mientras pensaban que hacían el bien con lo que hacían. Esos serán los que habían negado los signos de su Señor y el encuentro con Él, sus obras se hicieron inútiles y el Día del Levantamiento no tendrán ningún peso (Corán 18:103–105).

En la actualidad, adoctrinar con éxito a las masas requiere muy poca persuasión verbal explícita. El poder de la televisión hace que se acepten de forma incondicional las suposiciones implícitas con las que bombardea a la audiencia, y además, que ideas que no existían en sociedades anteriores, más normales, se dan por sentadas, un ejemplo podría ser, la difusión de la idea de total autonomía e independencia individual a costa de la cohesión social y los valores morales. Esto equivale a liberarse de la necesidad de adherirse a principios integradores y, como demostraremos aún más, el derecho a ser una persona perturbadora y caótica según los amplios límites de lo que actualmente se define como aceptable. Esto ha llevado al Occidente a adoptar posiciones que divergen marcadamente de los valores tradicionales hasta el punto de que estas son, en muchos casos, justamente lo opuesto a dichos valores. Las teorías ideadas por el hombre han llenado el vacío que dejó el cristianismo muerto desde hace ya tiempo.

La muerte del cristianismo se debió en parte a la reacción contra los excesos de la iglesia y en parte, a los ataques conjuntos de aquellos que creían en la supremacía de la mente humana y en su competencia para juzgar todos los asuntos: materiales, espirituales, seculares y religiosos. Empezaron por redefinir la dimensión espiritual de la religión como algo emocional. Esto eventualmente llevó a la negación de todo tipo de conocimiento excepto el empírico y, con el descubrimiento de los correlatos fisiológicos de las emociones, a la redefinición de lo psíquico en términos puramente físicos. Al hombre se le redujo por consiguiente al nivel físico.

Una vez que el pensamiento se liberó de las "cadenas" de la religión, emergieron una multitud de filosofías, cuya principal característica era su rápida variabilidad. Con el tiempo la estabilidad empezó a considerarse un signo de debilidad. Para ofrecer un ejemplo que ilustre este tipo de pensamiento citaremos a un autor reciente que afirmó que los imperios chino, otomán y mongol "todos sufrieron las consecuencias de tener una autoridad centralizada que insistía en una uniformidad de creencia y práctica, no solo en la religión oficial del estado, sino también en áreas de actividades comerciales y desarrollo de armas"[1].

La línea de pensamiento es que existió más posibilidad para el cambio en Europa porque estaba políticamente mal organizada y era comercialmente libre y competitiva. "Las sociedades europeas entraron en una constante espiral de crecimiento económico y de mejora de efectividad militar que, con el tiempo, las colocó a la delantera de todas las demás regiones del mundo"[2]. Desde el punto de vista islámico, la estabilidad de estos tres imperios, lejos de ser su punto débil, se considera su mayor activo. Que envejecieran y decayeran como todo en esta tierra no le quita valor al hecho de que duraron siglos, su estabilidad ofreció las condiciones necesarias para el florecimiento de sociedades

1 Paul Kennedy, *The Rise and Fall of the Great Powers: Economic Change and Military Conflict* 1500–2000, Unwin Hyman Ltd, London, 1988, xvi.

2 Ibídem., xvii.

en las que los distintos tipos de ciencias, artes, artesanías y espiritualidad coexistían en armonía. Occidente, por el contrario, sobrevive con la forma de un monstruo hipertrofiado donde la tecnología ha restado importancia a todo lo demás y donde el desarrollo interior humano, a pesar de declaraciones vociferantes de lo contrario, es forzadamente frenado a su nivel animal.

Todos los seres relativos exhiben limitaciones y defectos, dado que nada en la creación de Dios es enteramente bueno o enteramente malo, siendo el Bien Absoluto Dios mismo. Es una regla bien conocida que las cosas tienen que juzgarse según su atributo o tendencia predominante. Por consiguiente, no debemos negar los aspectos benevolentes del Occidente, sino simplemente ponerlos en perspectiva. Nuestra conclusión es que sus aspectos malvados sobrepasan los benevolentes, y que está en una trayectoria de autodestrucción.

El Occidente intenta sin aliento controlar todo a la vista, una tarea imposible ya que las variables son innumerables. Es un tren cuesta abajo a velocidad máxima. En cada vagón, los pasajeros se encuentran lo suficientemente seguros como para ocuparse atentamente de hacer que el interior del vagón sea aún más confortable y placentero. El conductor se siente en control y envía mensajes alentadores a los pasajeros a pesar de que siempre que intenta reducir la velocidad, los frenos no le responden. No se le pasa por la cabeza intentar parar el tren, porque no quiere afrontar que los frenos no funcionan y que ha perdido por completo el control de la máquina. El accidente es inevitable, pero son muy pocos aquellos con una visión lo suficientemente clara para ver que se acerca. Los que se dan cuenta, intentan desviar la atención de los otros que se encuentrar inmersos en sus innumerables placeres, y les advierten de lo que se les echa encima, sin embargo, sus palabras no son escuchadas hasta *cuando la tierra ha florecido, se ha embellecido y sus habitantes se creen con poder sobre ella, viene entonces Nuestra orden de noche o de día y la dejamos lisa como si el día anterior no hubiera sido fértil* (10:24).

CONTAMINACIÓN

Hoy en día el mundo sabe o debe saber que la manera que tiene la naturaleza de protegerse contra el desequilibrio es por medio de ecosistemas que de forma efectiva desechan las sustancias contaminantes y mantienen así el ambiente limpio. Por ejemplo, si los desechos orgánicos producidos por un pueblo rudimentario se echan al río cercano y se examina unos cientos de yardas río abajo, encontraríamos que el agua ha vuelto a ganar su limpieza y limpidez. Cada uno de estos sistemas, sin embargo, cuenta con una capacidad que, si se excede, conlleva a su fallo y a la acumulación de contaminantes. Muchos ríos y lagos en el Occidente están hoy en día muertos, ya que el nivel de polución no permite que los peces sobrevivan. Incluso los que todavía tienen algo de vida suponen un riesgo para la salud por estar contaminados con pesticidas, aguas residuales y residuo industrial de mercurio. Estas sustancias se pueden concentrar en la cadena de alimentación y causar epidemias de envenenamiento. Otro ejemplo de desequilibrio es la alteración del balance de gases en la atmósfera que depende del "manto verde" de la tierra y del plancton del océano, que son los que producen el oxígeno del planeta y consumen el dióxido de carbono. La deforestación y la destrucción del plancton debido a la contaminación química de los océanos, ha causado ya un incremento del dióxido de carbono y una reducción de oxígeno. Esto se agrava constantemente con la consumición masiva de oxígeno por parte de los motores de combustión interna, las fábricas y los aviones. Para obtener la madera necesaria para poder imprimir la multitud de periódicos, revistas, y libros que se producen diariamente; esta civilización se está privando del mismísimo oxigeno que sustenta su vida.

Como resultado de la perturbación del balance de gases en la atmósfera, el calor que absorbe la tierra del sol no se vuelve a radiar hacia fuera. El calor se almacena en el sistema y la temperatura aumenta constantemente produciendo "el efecto invernadero".

Otra perturbación en la actualidad es el notable defecto en la capa de ozono y el paso de excesivas cantidades de rayos ultravioletas.

La comida, un elemento vital, también se ha visto afectada crasamente por el avance de producción masiva a todo coste. La carne se produce en condiciones artificiales que son ciertamente estresantes en extremo para los animales. Se sabe que el estrés perturba muchos de los sistemas del cuerpo, el mejor conocido de ellos es el de las glándulas suprarrenales que hipertrofian y segregan una excesiva cantidad de adrenalina. Se añaden al pienso hormonas que engordan artificialmente y el resultado final es altamente sospechoso. Se alimenta al ganado con sus hermanos muertos para no "derperdiciar" ni un céntimo, volviendo de este modo a herbívoros en carnívoros y propagando la enfermedad de las "vacas locas". La fruta y las verduras se rocían con herbicidas, pesticidas, hormonas y demás. Los propietarios de tales proyectos evidentemente afirman que nunca se ha probado de manera concluyente que alguno de estos sea dañino. Se usa el mismo argumento una y otra vez para justificar prácticas que a primera vista parecen ciertamente perjudiciales. Estas tácticas dilatorias aseguran que para cuando estos métodos se hayan probado y sean expuestos, los propietarios ya habrán conseguido un sustancial beneficio. Un ejemplo bien documentado es el descubrimiento en 1950 de que no solo todos aquellos que trabajaban con asbestos eventualmente desarrollaban un tumor maligno en el recubrimiento pleural de los pulmones, sino que también las mujeres de estos sufrían la misma suerte, probablemente debido a la inhalación de asbestos mientras planchaban la ropa de sus maridos. Se silenció al científico que hizo este descubrimientro debido al peso político de la industria y nada cambió durante años para los trabajadores y sus familias. En cuanto al agua salada, a parte de la contaminación sustancial de pesticida que ha ocasionado la presencia de DDT en focas del Antártico, su principal contaminante es el petróleo; el cual se derrama en las terminales mientras se bombea a tierra desde los buques cisterna, el petróleo residual despedido por los barcos, el petróleo que derraman los petroleros dañados; y más serio aún, derrames de petróleo de los pozos submarinos. La imagen de gaviotas muertas en las playas cubiertas de petróleo se ha vuelto una imagen familiar en la televisión.

Otro gran problema es la promoción de energía nuclear como alternativa al petróleo. La mala fe de las agencias de gobierno en lo referente a este tema ha sido notoria. Fugas de plantas supuestamente seguras han ocurrido de modo mucho más frecuente de lo que oficialmente se ha admitido. Los accidentes eran inevitables y cualquiera que no sufriera del engaño de la invencibilidad y de la infalibilidad, podría haber predicho que los buques cisterna se hundirían y que las plantas nucleares tendrían fugas. ¿Cuántos más desastres como el de Chernobil hacen falta para despertarlos? Las pruebas nucleares, el desecho radioactivo, y el posible uso de armamento nuclear en caso de conflicto armado, aún si es de tipo limitado, además de los terroristas, completan la imagen.

Otros temas de importancia son la contaminación térmica y de ruido, la niebla tóxica, los terremotos causados por la construcción de presas, el aumento explosivo de sustancias cancerígenas, y la exterminación de especies enteras de animales debido a cambios causados en su hábitat o debido a la caza por su valor en el mercado.

El patrón que emerge del estudio de cada uno de estos temas es que el Occidente siempre se apresura a usar nuevos sistemas sin considerar sus implicaciones o posibles peligros. Se escucha a los científicos repetir a menudo que ellos son simples investigadores y que la obligación del uso racional de lo que inventan recae en otros. Esto es una obvia sandez. Cualquiera tan inteligente como Einstein debería haber sabido para qué usarían los políticos sus descubrimientos. Es más, cuando surgen problemas debido a la tecnología, tratan de resolverlos de la misma forma, es decir, trazando soluciones mal concebidas que seguramente producirán más problemas. Por lo tanto, por cada problema que se soluciona se generan otros tantos. Debido a que la investigación científica está produciendo información cada vez más fragmentada, equívoca y difícil de manejar, los científicos se están especializando cada vez más, en menos áreas; perdiendo por consiguiente, la habilidad de ver la imagen completa y la ciencia con ello se divorcia irremediablemente de la sabiduría. ¿Cómo se puede juzgar a gente lo suficientemente inteligente como para embarcarse en la llamada conquista del espacio, y al mismo tiempo ser tan irresponsables que inventan agresivas cepas de microorganismos capaces de eliminar poblaciones enteras en caso de conflicto armado? *La corrupción se ha hecho patente en la tierra y en el mar a causa de lo que las manos de los hombres han adquirido* (Corán 30:41)[1].

DESORDEN SOCIAL

La industrialización desarraiga a la gente de sus pueblos y destroza sus sistemas de apoyo social, perdiendo la cohesión social en el anonimato de la vida de la ciudad y desatendiendo las responsabilidades tradicionales que la comunidad tiene con cada uno de sus miembros que pasan a ser labor del gobierno. En lugar de la ayuda normal, basada en lazos de parentesco, tenemos instituciones trazadas por el hombre tratando de sacar soluciones *ad hoc*. En otras palabras, el estado, habiendo creado el problema, prosigue interfiriendo con las víctimas con la línea de pensamiento que esté de moda en ese momento, creando por consiguiente una situación extremadamente inestable.

La vida urbana está tan cargada de problemas que la cosa más razonable que se puede hacer, para todo aquel que pueda permitírselo, es vivir en la periferia o salir corriendo al campo en cada oportunidad que se presente. Las torres de hormigón de gran altura, los apartamentos del tamaño de cajas de cerillas, el apresurarse en coches, autobuses y aviones, el estar sometido a horas pico, a fechas límites de entrega, la presión por producir y la competición conlleva claros efectos desfavorables. El aislamiento de la vida de la ciudad y la ignominia de convertirse en una unidad anónima en una línea de producción, lleva a muchos

1 Merece la pena señalar que el Corán habla de la corrupción del mar en un tiempo donde era totalmente inconcebible que los poderes humanos pudieran corromper tan generalizadamente.

tipos de comportamiento anormal, en los intentos que se hacen para aliviar este distanciamiento[1]. También parece que el Occidente, al tener una mayor alteración de cohesión social, es menos inmune que otras sociedades a los males de la urbanización[2].

Uno de los mayores y más irremediables desastres de la sociedad moderna es la destrucción del papel de las mujeres como madres y esposas y su sustitución por una mal definida y mal asimilada igualdad con los hombres. Esta igualdad ha nublado además las distinciones entre los dos sexos y ha aliviado a cada uno de sus responsabilidades específicas sin ofrecer una alternativa viable. Las mujeres occidentales están convencidas de que están siendo reprimidas, pisoteadas, despreciadas e injustamente cautivas de roles desfavorables. Los cuidados maternales se devalúan a favor del éxito profesional y la búsqueda de placer. En contraste, debemos tener en cuenta que las mujeres nunca se han sentido oprimidas en las sociedades islámicas, sino hasta principios de este siglo cuando, bajo la influencia de la educación occidental, el estrato más influyente de la sociedad islámica empezó a llevar una doble vida: una "liberada" en Europa, y una más convencional en casa. Seguidamente las mujeres musulmanas empezaron a pedir más "libertad" quitandose sus velos y exigiendo igualdad de oportunidades en el mercado laboral. La rueda ha dado ahora una vuelta completa y muchachas jóvenes en todo el mundo islámico están volviendo a vestir modestamente, esta vez con plena libertad, y frecuentemente en oposición a los deseos de sus padres occidentalizados. Se debe mencionar que en realidad, se respetaba menos a las mujeres en Occidente que

---

1 El índice oficial de suicidio en Irlanda aumentó notablemente entre 1970 y 1985. . . Posibles razones del cambio incluyen un incremento de la "anomia" expuesto en un aumento en los índices de crimen, ilegitimidad, y admisión a hospitales por alcoholismo, un declive en la cohesión social revelado por la caída en la tasa de matrimonio y en el aumento del número de parejas separadas , y un incremento en el desempleo. (Brit. J. de Psiquiatría, 57 (1990), 533–38.)

2 Según el *New York Post* (26 de noviembre, 1971), Tokio, que tiene mayor población y superior concentración, tenía cinco veces menos asesinatos que *New York City* en 1970.

en las sociedades islámicas. Esto podría explicar la violenta reacción de occidentales hacia las mujeres musulmanas tradicionales y también la falta de entusiasmo que muchas musulmanas muestran en seguir el modelo occidental, contrario a la popular práctica actual de musulmanes de seguir ciegamente el modelo de Occidente. Analizaremos el estatus que el Islam otorga a la mujer en otra sección.

Un ejemplo de la forma en que fuerzas socialmente cohesivas se destruyen en nombre de la libertad individual, es el cambio del significado y función de los celos. El concepto islámico de los celos, basado en las enseñanzas del Profeta ﷺ, es que los celos son socialmente deseables en la medida que aportan la fuerza motivadora para que ambos sexos protejan a sus familias, y en esto, así como en todo, se debe buscar el término medio. Pocos celos en un hombre denotan falta de virilidad y muchos le llevan a una tiranía censurable.

¿Qué ha pasado con los celos en el Occidente? "Los celos", escribe un psiquiatra occidental, "a pesar de estar acompañados de su parte más oscura, jugaban un papel en la preservación de la estima en sociedades regidas principalmente por conceptos de honor". Se reconoce actualmente que el honor ya no es una fuerza social y la pérdida del concepto de honor ha llevado a la redefinición del concepto de los celos[1]. "La estructura cambiante de los celos en sociedades occidentales ha transformado una respuesta sancionada socialmente hacia la infidelidad, en una forma de patología personal que es la mera expresión exterior de inmadurez, posesividad e inseguridad"[2]. Observemos que el tipo de celos aquí equiparado con inmadurez, posesividad e inseguridad no es el patológico, sino el tipo que se considera todavía necesario en sociedades menos desorganizadas. Lo que se dice aquí es que, para considerar a alguien como maduro y emocionalmente seguro, se debe permitir que el cónyuge disfrute de todo tipo de actividades

1 P. E. Mullen, "*Jealousy: The Pathology of Passion*", British Journal of Psychiatry 158 (1991), 598.

2 Ibídem.

extramatrimoniales y permanecer totalmente despreocupado. Un estudio en América sobre este tema dice lo siguiente:

> Stearns (1989) puntualiza en su historia de los celos en América que el siglo diecinueve estaba dividido por influencias conflictivas sobre los celos. Por una parte, la urbanización desfragmentó las pequeñas comunidades tradicionales con su imposición de fidelidad por medio del escrutinio público. América gradualmente abandonó su imposición institucional de fidelidad sexual a través de sus leyes contra el adulterio. Al mismo tiempo, las oportunidades para encuentros romanticos y sexuales aumentó y la prostitución creció con fuerza. Igualmente, el aumento de normativas comerciales de comportamiento hizo que las preocupaciones por el honor parecieran anacrónicas[1].

El autor continúa diciendo:

> Las sociedades occidentales actuales reflejan a través de los derechos individuales: la influencia de la libertad de mercado, la democrao tización, y la noción de libertad. El modernismo no deja lugar ni para los reclamos de los celos por exclusividad, lo cual ofende los derechos individuales y las nociones liberales de la libertad, ni para la persona celosa, que se encuentra emocionalmente arruinada en el mercado del amor. Igualmente, la aceptación de ideas acerca de los derechos individuales como el árbitro final de lo bueno en nuestra sociedad, marginaliza cualquier demanda en nombre de los imperativos morales y éticos que infringen tales nociones[2].

No se puede poner más claro. El honor ha sido reemplazado por la mentalidad de mercado y las consideraciones éticas y morales no deben interponerse en el camino de ningún individuo que desee dar rienda

---

1 Ibídem. Ver también R. N. Stearns, *Jealousy: The Evolution of an Emotion in American History*, New York University Press, New York, 1989.

2 Mullen, *Jealousy*, 598.

suelta a sus apetitos animales. El bien colectivo ya no es valorado como fuerza incentiva para la disciplina y el autocontrol.

Una sociedad desorganizada sin otros principios superiores que los objetivos explícitos de satisfacer cuantos más apetitos físicos de sus miembros sea posible, no puede controlar tendencias desviantes. No tiene otra opción que legalizarlas. La crisis de identidad es producto del mundo moderno. En un ambiente tradicional en el que cada uno sabe sus derechos y obligaciones, donde los roles están bien definidos, y donde la noción de una vida después de la muerte todavía ejercita cierta influencia, tales crisis nunca necesitan surgir.

PSICOLOGÍA

La psicología moderna, como parte de la civilización occidental, sufre del mismo defecto clave nombrado anteriormente, concretamente, la ausencia de principios integrantes superiores. La consecuencia de esto es de nuevo la falta de un marco teórico, basado en la certeza del conocimiento revelado, capaz de acomodar los datos observables y sintetizarlos de manera práctica y útil en un conjunto coherente. Esta situación ha dado lugar entre otras cosas a la equiparación de la mente con el cerebro, de las emociones con sus correlativos autonómicos, y a la aparición de un vasto número de teorías diferentes, cada una de ellas basadas en observaciones limitadas y extendidas por pura fuerza de la imaginación para poder cubrir el entero espectro de la experiencia humana[1]. La profusión de teorías en circulación es por sí misma prueba suficiente de que ninguna de ellas ha tenido éxito en ofrecer una visión del ser humano lo suficientemente exhaustiva. Es verdad que muchos teóricos han aportado conocimientos parciales válidos en áreas especificas del comportamiento, sin embargo, muy pocos han sido lo suficientemente objetivos como para resistir la tentación de extender los poderes explicativos de sus observaciones y querer incluirlo todo.

1 ¡El ejemplo más obvio fue el intento de explicar la religión sobre la base del trabajo de laboratorio en palomas!

De este modo fundan una "escuela" a cuyos principios sus "discípulos" se aferran tenazmente, reaccionando a las críticas de la misma forma que reaccionan los fanáticos religiosos. En otras palabras, han sustituido el cristianismo y el judaísmo por el psicoanálisis y el conductismo. El hecho de que estas teorías junto con la evolución, sean los reemplazos actuales de la religión ha quedado demostrado por su propagración a las masas como hechos comprobados. Su estilo superficial y reduccionista ha gustado a la mayoría, también ha gustado la placentera libertad del compromiso religioso que otorga a sus seguidores.

La intención aquí no es ni revisar la historia de la psicología moderna en detalle ni discutir cada escuela individualmente, sino más bien, indicar algunos de sus defectos y aportar ciertas claves necesarias para evaluar las teorías actuales. Las próximas observaciones, junto con los principios y criterios analizados a lo largo del libro, deberían ser suficientes para situar el entero campo de la psicología moderna en una perspectiva correcta. Aunque tratamos solo con el tipo de psicología clínica, otros tipos: la social, la educativa y la industrial pueden fácilmente someterse al mismo proceso.

Los dos ejemplos más célebres que ilustran los puntos que acabamos de resaltar son los de Sigmund Freud y Carl Jung. El primero, judío, y el segundo, cristiano, compartían el deseo de desconectarse de sus respectivas religiones y de redefinir la situación del ser humano usando la inteligencia como criterio único. Ambos idearon teorías altamente complicadas que eran incompatibles entre sí y que afirmaban explicar casi todo, incluyendo cosas que durante siglos los sabios de civilizaciones anteriores consideraban que recaían en el dominio espiritual y no en el físico. Ambos quisieron explicar la religión con sus teorías: Freud, el más materialista de los dos, relegandola al insconciente nebuloso conducido por instintos animales ciegos, y Jung produciendo una espiritualidad falsa que se reconocía inmediatamente por la parodia que se hacía de la relegación de los "arquetipos" al colectivo insconciente, es decir, redefiniendo el nivel espiritual más alto como el estrato más bajo de la mente humana.

LA CIENCIA COMO RELIGIÓN

El hombre no puede vivir sin algún tipo de religión: incluso aquellos que sostienen que no existe la religión simplemente sustituyen un grupo de creencias por otras. La religión consiste en una doctrina que explica qué es el hombre, su posición en el universo y su relación con el Absoluto. Ofrece una ley que regula las transaciones del hombre con su entorno, y más allá de esto, ofrece un método de ascenso espiritual. Se debe siempre recordar que la memoria del paraíso perdido permanece en los hombres como también el sentimiento de atracción ascendente del espíritu. Cuando el cristianismo perdió su credibilidad y por consiguiente, sus poderes para explicar, simplemente fue reemplazado por las alternativas más materialistas en oferta. De este modo, en vez de buscar alcanzar el paraíso real, la gente se ocupó en obtener cuanto más placer pudo del único paraíso que les quedaba, el del disfrute inmediato de esta vida. Y en vez de esforzarse en el camino del ascenso espiritual, eligieron la alternativa más pobre y materialista para satisfacer esta necesidad, que fue alcanzar la luna. Las explicaciones de la religión se reemplazaron por teorías científicas, con meras conjeturas presentadas como hechos y mantenidas tan tenazmente como cualquier creencia religiosa alguna vez lo fue. El ejemplo más notorio es, por supuesto, la teoría de la evolución. A pesar del gran número de especialistas que ha intentado demostrar que la comunidad científica se encuentra igualmente dividida entre aquellos que la apoyan y los que se oponen a ella, la mitología popular la acepta como una realidad comprobada, y los científicos de otras disciplinas usan sin reparos la teoría tan categóricamente como usan datos directamente observables. La creencia en la ciencia se percibe actualmente como algo que otorga el derecho a ser escéptico de todo, incluyendo la misma ciencia, y se considera una liberación de la obligación de esforzarse por alcanzar la verdad.

El doctor Albert Ellis, un psicólogo americano que originó una forma de psicoterapia razonablemente exitosa a la que denominó: "Terapia Racional Emotiva" escribe:

> La idea de que cierta gente es mala o perversa emerge de la antigua doctrina teológica de la libertad de albedrío, que asume que cada persona tiene la libertad de actuar "correctamente" o "erróneamente" en relación a normas absolutas de verdad y justicia que "Dios" ordenó o según la "ley natural"; y si alguien usa su "libre albredío" para comportarse "erróneamente" es un pecador perverso. Esta doctrina no tiene fundamento científico porque sus términos claves—incluyendo "verdad absoluta", "Dios", "libre albredío" y "ley natural"—son puramente definitorios y no pueden ni probarse ni refutarse en términos empíricos científicos[1].

Este tipo de argumento, bastante extendido en el Occidente, revela las contradiciones inherentes de esta falsa objetividad, ya que negar el Absoluto debe significar negarse a uno mismo el derecho a hablar en términos absolutos. Pensar que la prueba es solo posible en términos puramente científicos es atribuir a la ciencia una competencia que excede su limitado territorio. Significa que están tan hipnotizados con la ciencia que se olvidan del hecho de que es válido solo cuando pertenece al nivel material, y lo es de forma relativa. Sería más "racional" pensar que la prueba debe ser adecuada al nivel de lo que se necesita probar. Cosas inteligibles requieren pruebas inteligibles y asuntos espirituales requieren pruebas espirituales. El hecho de que el Occidente haya perdido su habilidad de aceptar pruebas espirituales no hace que la dimensión espiritual no exista ni afecta la validez de tal prueba a su nivel. Que no puedan probar la existencia de Dios científicamente simplemente indica que Él no es lo suficientemente material como para medirse; concluir por lo tanto, que Él no existe es obviamente absurdo. Ahora, ¿y si existiera? ¿Y si esos millones de personas que han vivido a lo largo de los siglos creyendo en una vida por venir no fueran al fin y al cabo tan ingenuos después de todo? ¿Qué hay de la apatía y autosuficiencia de aquellos que no desean descubrirlo? La búsqueda de placer y el deseo de alcanzar objetivos son características humanas

1 Albert Ellis, *Reason and Emotion in Psychotherapy*, Citadel Press, NJ, 1962, 65.

básicas; sin embargo, el Occidente ha sustituido placeres inmediatos y bajos por los del paraíso y el espíritu, y el crecimiento espiritual por logros en términos de ingresos y posición social.

Hay muy poca gente en el Occidente que son conscientes de que su situación es realmente precaria y que cuentan con un nivel de sinceridad suficiente para desear encontrar una salida. Para ello, primero de todo, tendrían que librarse de los actuales mitos que forman su mentalidad, y entonces tendrían que enfrentarse con las innumerables religiones falsas que abundan hoy en día en el Occidente, y en ningún sitio más que en América. Algunas de estas son parodias de tradiciones verdaderas, otras se inventan de un momento a otro según requiera la situación, y existen incluso algunas basadas en ciencia ficción. Son muy pocos los que pueden de verdad ver a través de estos espejismos y mantenerse firmes.

EL IMPOSTOR

Ambos el judaísmo y el cristianismo están de acuerdo con el Islam cuando afirman que la humanidad se encuentra en una tendencia descendiente que continuará hasta los cataclismos que anuncian el Día del Juicio. En algún momento durante las últimas etapas de este proceso, aparecerá el Anticristo, que no es solo la personificación del mal, sino también la imagen opuesta de Jesús, la paz sea con él, a quien el Anticristo afirmará personificar. El Profeta ﷺ, le llamó el "Impostor" (*al-Daŷŷāl*) ya que su atributo característico será reetiquetar lo bueno por lo malo y lo malo por lo bueno, el Paraíso por el Infierno y el Infierno por el Paraíso, a él mismo como Cristo y a Cristo como el Anticristo.

Y esto es precisamente lo que el Occidente ha conseguido ya hacer con éxito. Han redefinido al ser humano poniendo al frente su forma física y negando su espíritu, redefiniéndolo por consiguiente como un animal; y han comenzado la fase de poner todo al servicio del cuerpo y de pensar solamente en términos materiales. Mientras todas las religiones dicen que el hombre se está degenerando, el Occidente afirma que, por el contrario, está mejorando día a día, con la implicación de que se encuentra en la actualidad más "avanzado" y es más inteligente y maduro que nadie en el pasado. Esto evidentemente les da el derecho de desestimar fácilmente a los profetas y sabios de antaño y su sabiduría atemporal, y de hablar de ellos en términos condescendientes y despectivos. Se ha redefinido la religión como superstición, y a la vida por venir como una creencia infantil fruto de la inhabilidad de afrontar la realidad. Los eventos milagrosos no son más que ilusionismo, hipnosis o fantasias. El alcohol, el apostar, y la usura son prácticas socialmente aprobadas. La virginidad se ha convertido en la actualidad en una carga que la mayoría de jóvenes están ansiosos de evitar. La homosexualidad se ha legalizado. Es legal tener relaciones sexuales con cualquier número de hombres, mujeres, o incluso animales, sin embargo, es ilegal tener dos esposas oficialmente reconocidas, cada una junto con sus hijos, disfrutando de derechos legales plenos. Más de la mitad de hombres y mujeres en el Occidente tiene amoríos extramatrimoniales, una buena proporción tiene múltiples[1]. El rango de lo que se define como normal se extiende rápidamente para no excluir nada. La pena de muerte ha sido casi abolida. Esto significa que la persona que ha matado a otra está seguro de sobrevivir y puede fácilmente ganar su libertad por buen comportamiento después de algunos años en una prisión confortable. ¡Por lo tanto al asesino se le garantiza el derecho a vivir, justamente el mismo derecho del que ha privado a su víctima!

El siguiente pasaje, admitiendo la deliberada locura de este sistema, se ha extraído de la crítica de un libro escrito por J. Gilligan, un psiquiatra forense americano:

> . . .los Estados Unidos de América es masivamente más violento que ninguna otra nación democrática y que ninguna otra nación económicamente desarrollada (su número de habitantes en prisión

1 Annette Lawson, *Adultery: An Analysis of Love and Betrayal*, Basic Books, New York, 1988, 46.

> es más de 2 millones, casi un %1 de su población), es justamente la nación dominante del mundo en términos económicos y materiales. El [Gilligan] citando a Currie (1985) dice: "Tenemos el nivel de violencia criminal que tenemos, por cómo hemos organizado nuestra vida social y económica. . . la brutalidad y violencia de la vida americana son una señal de que existen profundos costes sociales para mantener esta organización" Hemos decidido que preferimos esto a una alternativa mucho menos violenta[1].

Además existe el clamor por los derechos humanos, los cuales dependen de a quién se defina como humano y puede por lo tanto, tener derechos. Los americanos manifiestamente negaron el estatus de humano a los Piel Roja, y fueron así capaces de exterminar sistemáticamente naciones enteras de ellos. Los españoles hicieron lo mismo en América Latina. Hitler también negó el estatus de humano a los enfermos mentales, los retardados mentales, incluso antes de girar su atención demoníaca a los polacos y seguidamente a grupos étnicos incluyendo los judíos y gitanos. Pudo por consiguiente masacrarlos no sólo sin oposición interna alguna, sino reclutando incluso a algunos de la élite de la sociedad alemana. Sin embargo, no olvidemos que el programa de la eutanasia se materializó mucho antes de que los nazis llegaran al poder. Por ejemplo, en 1922, Gerhard Hoffman trazó ante el Reichstag un plan para la exterminación masiva del enfermo mental, el terminal, el exhausto, y los niños discapacitados e incurables. Una década más tarde se adoptó como política oficial, y con la ayuda de numerosos médicos y enfermeras, se mataron entre 1939 y 1945 a 200,000 personas[2]. no olvidemos que Hitler, Stalin y Milosevic y sus semejantes son productos de la civilización occidental.

Los Hunos y los Mongoles fueron realmente brutales cuando esta-

1 C. Cordess, revisión del libro de J. Gilligan: *Violence: Reactions on Our Deadliest Epidemic* (Jessica Kingsley, London, 1999), Bristish Journal of Psychiatry, 178 (2001), 186.

2 Ver Michael Burleigh, *Death and Deliverance: Euthanasia in Germany*, 1990–1945, Cambridge University Press, Cambridge, 1994.

blecían su supremacía militar en los territorios que conquistaban, sin embargo, sus peores excesos equivalen a poco cuando se comparan de forma objetiva con las atrocidades en masas cometidas por esta civilización, ya que ellos, por lo menos nunca fueron genocidas. Esto no niega que existan millones de personas compasivas y humanitarias en el Occidente, sin embargo, el simple hecho de que aceptaran a Hitler y Milosevic como líderes debe indicar algo. Las maquinaciones entre bastidores de su ahora sistema dominante mundial para traer Hitlers y Milosevic del tercer mundo al poder también es proverbial. No es suficiente para los personas humanitarias en el Occidente simplemente desasociarse de todo esto mentalmente. Los mejores elementos de la sociedad occidental se mantienen alejados del poder, sin embargo la falsedad de aquellos que están actualmente ejerciendo la autoridad no puede camuflarse por más tiempo de forma efectiva. Uno debe estar ciego por los prejuicios para no ver que, como naciones, más que como individuos, el Occidente frecuentemente dice una cosa y hace la opuesta. Se hacen grandes proclamaciones de derechos humanos y se usan como cortinas de humo detrás de las cuales se llevan a cabo sus intenciones reales, ya sean apoyar un régimen represivo y totalitario, derrocar a otro en contra de Occidente, justificar una intervención militar masiva en Kuwait o total inercia en Ruanda.

¿Qué más evidencias hacen falta para demostrar que el Occidente es en realidad una civilización "invertida"? Hemos mencionado anteriormente como Freud cerró las puertas superiores negando que había un espíritu y desestimando la religión como algo que nace fruto del insconciente humano, mientras que abrió las puertas inferiores intentando sacar a la superficie las peores tendencias humanas. Esto fue sin duda una manera muy efectiva de bloquear al hombre de las influencias divinas y dejarle indefenso ante las demoníacas. Así mismo hicimos mención de la definición de Jung de los arquetipos pertenecientes a un hipotético insconciente colectivo, es decir, arquetipos situados a un nivel inferior, mientras que los arquetipos verdaderos pertenecen al nivel espiritual más alto.

Se niega que exista el diablo y sus influencias como si fueran mitos, mientras que al mismo tiempo su obra se manifiesta por doquier, y es incluso abiertamente promocionada con populares películas demoníacas, música e incluso dibujos animados. Del mismo modo a Dios se le considera un mito, mientras que el reflejo de Sus atributos tales como, verdad, justicia y misericordia son promocionados en la sociedad humana, sin embargo, su ausencia es evidente. Queda por decir que desde el punto de vista islámico, la civilización occidental es la inevitable última etapa de la degeneración humana. La tendencia al declive ha ido progresando durante miles de años, sin embargo su aceleración se ha convertido en la actualidad en una locura. Para que alcance su punto más bajo en este proceso tiene que emerger una civilización totalmente desconectada de toda espiritualidad y principios superiores, que lleve al caos en todos los niveles junto con la incapacidad de reconocer tal caos por lo que realmente es. Una civilización así tiene que ofrecer la apariencia de excelencia incomparable en lo material y tiene que haber recorrido un largo camino en el proceso de redefinición e inversión para privar a su gente del poder de discernimiento. Esto pone en marcha el acontecimiento más importante en este proceso, la aparición del Impostor. Se le describe en los *ḥadīces* como alguien que es capaz de moverse por la tierra tan rápido como "nubes de lluvia llevadas por el viento", y de montar algo tan grande que "la distancia entre sus orejas es de cuarenta codos". Además, se podrá oir su voz al mismo tiempo "por la gente de oriente y Occidente". Estas descripciones son hoy en día fácilmente traducibles en los aparatos tecnológicos actualmente en existencia. Podemos afirmar con confianza que el Occidente está ahora listo para el Impostor. La gente se encuentra encarcelada mentalmente en el mundo tangible y esta es precisamente la dimensión que el Impostor podrá dominar y les mostrará tales maravillas que aceptarán de inmediato cualquier afirmación que desee hacer.

Puede parecer por nuestra previa descripción de la degeneración de las sociedades islámicas y de nuestra descripción del Occidente en este capítulo, que ambas son iguales en este aspecto. Esto no es así. El tipo de inversión que acabamos de describir es algo que ya está consumado y normalizado en el Occidente, mientras que entre los musulmanes, aunque la tendencia es similar, se encuentra menos extendida y todavía se reconoce como anormal.

TERCERA PARTE

Valores Normativos Islámicos

5. ¿Qué Es Una Norma?

NORMAS

La definición islámica de la norma es radicalmente diferente a la de Occidente. Lo que es normal en términos occidentales es lo que está presente en el hombre promedio en la calle, es decir, en la mayoría de la población. Esta opinión se apoya en la respetabilidad científica por medio de estadísticas: la notoria curva en forma de campana en la que los individuos posicionados a ambos extremos se consideran anormales. Esto es la legitimación de la mediocridad.

Por el contrario, la norma en términos islámicos es nada menos que la naturaleza original o primordial del hombre, o su *fiṭrā*. El Corán dice: *Que en verdad creamos al hombre en la mejor armonía* (95:4). La razón del porqué a esto se le llama "norma" y no "ideal" es que, lejos de ser una construcción meramente teórica o hipotética; de hecho, este patrón se vivió en Medina en los primeros días del Islam y continúa todavía vivo, hasta este mismo día, por aquellos que se esfuerzan por materializarlo en su totalidad. La norma en el Islam es por lo tanto la Sunna del Profeta ﷺ, y la de sus compañeros y seguidores[1]. La sunna representa la máxima perfección del comportamiento humano y cual-

1 El Profeta ﷺ mencionó concretamente estas tres generaciones y esta es la razón por la que hasta hoy en día se admiran enormemente y son un modelo para los musulmanes. El *ḥadīṯ* afirma, "La mejor generación es mi generación, después la que sigue, luego la que seguirá." Bujārī, Kitāb Faḍl Aṣḥāb al-Nabī, 1.

quier cosa menos que esto se considera anormal. El occidental, por su parte, se estanca en la satisfación engreída de lo que es la mediocridad, y como es compartida por la mayoría de sus contemporáneos, la considera normal. Sin embargo, el verdadero musulmán, consciente de qué tan corto ha caído de la norma que debería ser suya por derecho de nacimiento, nunca puede permitirse estancarse, sentirse a gusto y "bien ajustado" en su imperfección, al contrario, está obligado a esforzarse constantemente por volver a ganar lo que siente que ha perdido. Cuanto más lejos se encuentra el musulmán de entender lo que es normal según lo definido por la sunna, y cuanto más cerca se encuentra de concevirla según la manera occidental, menos motivado se halla por esforzarse en conseguir superioridad verdadera.

La norma islámica, tal como fue vivida por el Profeta Muḥammad ﷺ, cubre el amplio rango del comportamiento humano. Porque además de su función como mensajero divino y legislador, que es exclusiva e inimitable, también vivió los roles de huérfano, pastor, comerciante, padre, padre adoptivo, abuelo, guerrero, líder político, y esposo de mujeres mayores y menores que él. A veces era tan pobre que no se cocinaba comida en su casa durante semanas, mientras que otras veces era tan rico que podía regalar un valle entero lleno de ovejas. Sobrevivió peligros mortales, conspiraciones y dificultades enormes; vio a todos sus hijos morir, menos uno, comenzó su emigración como un fugitivo escondiéndose en una cueva, y eventualmente regresando a Meca como conquistador. Esto, junto con lo que está escrito en relación con el patrón de comportamiento de sus compañeros y su aprobación o crítica de lo que hacían, no deja casi nada de lo que los seres humanos piensan, sienten, dicen o hacen sin un modelo claro a imitar.

VALORES INDIVIDUALESS

Los valores que se han venido inculcando en los musulmanes durante siglos pueden dividirse en niveles espirituales, psíquicos, físicos y sociales. Esta sección trata los tres primeros como aspectos del individuo,incluyendo lo que en la actualidad se denomina en la psicología occidental como "personalidad".

(A) *Principios Espirituales*

En términos islámicos, el valor que tiene una persona se basa principalmente en el conocimiento que tiene de Dios y de la revelación y en la medida en que este conocimiento se asimila y moldea de forma eficaz su cognición, emoción y comportamiento. La Revelación nos enseña la ciencia del *tawḥīd*, o unidad, que es la ciencia de la Esencia Divina, y de los Atributos y Actos de Dios, y las consecuencias de este conocimiento en nuestra concepción de la existencia y nuestro comportamiento en este mundo. La espiritualidad no es un término difuso y de multicontenido para cada experiencia no física o emocional, sino que se refiere al legado profético de conocimiento y comportamiento.

Hemos mencionado anteriormente que los Atributos Divinos usualmente se categorizan como Atributos de Belleza (*ŷamāl*) y de Majestad (*ŷalāl*). Los primeros incluyen aquellos atributos que derivan de la misericordia y la compasión, tales como el perdón, la paciencia, la sensibilidad, la generosidad, la guía, la ayuda, el socorro y otros. Los segundos incluyen atributos como el poderío, la justicia, la represalia, la omnipotencia y demás. El Corán indica claramente que cuando los aspectos divinos se vuelcan hacía la creación, los Atributos de Belleza toman precedencia sobre los de Majestad: *Mi misericordia abarca todas las cosas* (7:156). Y el *ḥadīṯ qudsī*[1] dice, "Mi misericordia precede Mi ira"[2]. Esta es también la implicación de: *El Misericodioso, que se asentó sobre el Trono* (20:5).

Al-Raḥmān, el Todo Misericordioso, es Aquel cuya misericordia envuelve a toda criatura en el universo: hombres y animales, creyen-

1 Un *ḥadīṯ qudsī* o afirmación sagrada es una tradición en la que Dios habla en primera persona por boca de Su Profeta ﷺ.

2 Bujārī, Kitāb at-Tawḥīd, 55, Kitāb Bada' al-Jalq, 1; Y Muslim, Kitāb at-Tawba, 14.

tes y no creyentes por igual. Esta misericordia tiene muchos aspectos, uno de ellos es el de Proveedor, el término árabe es al-Razzāq, que expresa claramente la idea de una atención persistente y continua. Este es el Atributo que le hace ser El que garantiza la satisfación de las necesidades de sustento, cobijo y compañía. Otro aspecto es el de el Receptivo (*al-Muŷīb*), El que está dispuesto a responder las peticiones y rezos de Sus siervos: *Vuestro Señor ha dicho: "Llamadme y os responderé"* (40:60). Otro es el infinitamente Rico (*al-Ganī*), Quien es a su vez el Enriquecedor (*al-Mugnī*), El que libera a Sus siervos de depender de otros seres creados.

Dentro de esta misericordia divina que envuelve todo, existe una dimensión de profundidad que es selectiva y se extiende a la otra vida. Esto se designa con el Atributo al-Raḥīm, generalmente traducido en Español como el Compasivo, lo que no hace justicia a la diferencia de significado con al-Raḥmān. Al-Raḥīm es El que proporciona las misericordias de la guía, el conocimiento espiritual y la felicidad eterna del Jardín.

En cuanto a los Atributos de Majestad, tienen que verse a la luz de las muchas limitaciones a las que se ven sometidas los seres creados, como la inevitabilidad de cambio perpetuo, que influye en las fluctuaciones externas e internas que ocurren a cada instante, y cambios mayores de estado como la muerte. Otras limitaciones incluyen la incapacidad de satisfacer los propios deseos, ni instantáneamente ni en su totalidad y la incapacidad de escapar de pérdidas, calamidades, injusticias, tiranía y demás. El mundo se encuentra en una interacción constante entre majestad o rigor y belleza o misericordia, mientras que en la otra vida la misericordia se manifiesta en su forma más pura en el paraíso, y el rigor se manifiesta en su forma más pura en el infierno. Este conocimiento forma el reino en el cual existe la espiritualidad, es decir, los estados y estaciones de experiencia directa de Dios y sus consecuentes acciones, que llevan a otras experiencias y acciones que generan un entendimiento más profundo. Estos caminos de intimidad han sido recorridos, están documentados y quedan abiertos hasta el final de los tiempos para las personas sinceras que quieran recorrerlos. Algunos de estos estados se describen a continuación.

El conocimiento de los Atributos de Belleza inducen en el alma estados tales como la esperanza (*raŷā'*), el perdón, la generosidad y la protección de Dios, así como la gratitud por lo que se nos ha dado y la expectativa segura de una mayor beneficencia. El resultado es que el amor de Dios brota en el corazón; el *ḥadīṯ* dice: "Ama a Dios por los regalos que Él te ha otorgado, ámame por el amor de Dios, y ama a mi familia por el amor hacía mi"[1]. Existe un amor superior a este, que es amar a Dios sin ninguna otra razón que por Su absoluta perfección, ya que el alma humana ha sido creada para amar y para sentirse atraída hacia la perfección; y Dios es lo único que es perfecto: todas las demás perfecciones no son más que reflejos relativos de Su perfección en los mundos creados.

El amor de Dios es una fuerza impulsora que genera ganancias espirituales como, total confianza en Él (*tawakkul*), que es confiar incondicionalmente en Él y abandonar toda esperanza en los seres creados. Significa realizar tus obligaciones a la perfección sin esperar ni recompensa ni agradecimiento de seres efímeros. Es separar el acto de su resultado, ya que el acto es de la criatura sin embargo el resultado es de Dios, lo que significa que el mismo acto puede traer resultados diferentes si Dios así lo quiere: *Y no puedo estar bien encauzado si no es por Dios* (11:88). La forma habitual de percibir la relación causa y efecto en este mundo induce a la gente a depender de ello. Olvidan entonces que factores inesperados pueden entrar en cualquier secuencia y producir un resultado enteramente diferente, o que las leyes físicas de la causalidad, pueden reemplazarse por aquellas de un mundo superior o suspenderse por Su Causante.

Otra ganancia espiritual es la satisfación, *riḍā*, que es el estado de poder mantener la serenidad ante la adversidad con el conocimiento de que solo Dios es capaz de dar y quitar. Él es el único poder en el

1 Tirmidhi, Kitab al-Manaqibi, 31.

universo, Él es el Todo Misericordioso. El Profeta ﷺ dijo a Ibn ʿAbbās ؓ un día:

> Muchacho, te enseñaré unas palabras: Guarda tus obligaciones con Dios y Él te guardará, guarda tus obligaciones ante Dios y Le encontrarás contigo. Cuando pidas, pide solo a Dios, y cuando busques ayuda, búscala solo en Dios. Y debes saber que si todo el mundo se unierá para beneficiarte, no te beneficiarían sino con algo que Dios ya ha decretado para ti, y si se unierán todos para hacerte daño, no te harían daño sino con algo que Dios ya ha decretado para ti. Las plumas han escrito y los pergaminos se han secado[1].

De las consecuencias de este entendimiento encontramos que nadie agrada a nadie a costa del desagrado de Dios, ni elogia a nadie para obtener lo que son realmente los favores de Dios, ni culpa a nadie por lo que Dios ha elegido retener. Cuando percibes la capacidad divina como el único poder que existe, no temes a ninguna persona lo suficiente como para intentar agradarla a costa de cometer un pecado, ni atribuyes las cosas buenas que te llegan a los seres creados por cuya mediación se te envió, ni acreditas a los seres creados con el poder de quitarte lo que es tuyo por decreto divino. Pero debe de entenderse que este estado de ninguna manera provoca actuar con ingratitud hacía los benefactores, sino al contrario, el *ḥadīṭ* dice "No ha agradecido a Dios aquel que no ha agradecido a los hombres"[2]. Y se debe recordar que no estamos exponiendo meras construcciones mentales, sino profundos estados del ser que se reflejan en la acción.

De forma similar, se nos ordena defendernos de la mejor forma posible de aquellos que nos desean el mal, sin embargo nunca se debe dejar de ver la realidad de las cosas, que es que ningún daño llegará a nadie salvo con el permiso divino. Uno debe siempre depender de la sabiduría divina que enfatiza el secreto del destino, y que es la habilidad divina de poner cada cosa en su sitio más apropiado, en el momento más

1 Tirmidī, Kitāb al-Qiyāma, 59; Aḥmad, 1/293 y 307.

2 Tirmidī, Kitāb al-Birr, 35; Abū Dāwūd, Kitāb al-Adab, 11

correcto y de la mejor manera. El Profeta ﷺ dijo: "Dios, en Su equidad y justicia, ha hecho la alegría y el alivio las consecuencias del contento; y la preocupación y la pena las consecuencias del descontento"[1].

Para el creyente, mantener la serenidad ante la adversidad tiene sus raíces en el conocimiento de que cuando un creyente sufre una dificultad esto significa una "reparación y una purificación para él, a menos que atribuya lo que le afecta a otro que no sea Dios y que rece para su alivio a otro que no sea Dios"[2]. Es entender que las aflciones no son sino manifestaciones de los Atributos de majestad y rigor. Uno debe también considerar los fenómenos naturales como inundaciones, huracanes y terremotos; y fenómenos humanos como las guerras de la misma manera. La serenidad se mantiene con el conocimiento de que, cuando Dios ama a cierta gente les pone a prueba; aquellos que están conformes, Él está contento con ellos, y aquellos que no lo están, Él tampoco lo está con ellos[3]. Esto es por lo que, cuando al Profeta ﷺ, se le preguntó quienes son los que sufren las dificultades más grandes, contestó, "Los profetas, después aquellos que más se les parecen, y así sucesivamente. La gente es aflijida en proporción a la fuerza de su fe: aquellos con una fe fuerte sufren dificultades severas, mientras que aquellos cuya fe es débil sufren dificultades menores. Un hombre puede sufrir [sucesivas] dificultades hasta que llega a estar en la tierra sin pecado alguno[4]. De nuevo, esta es la razón por la que dijo que la condición de un creyente es siempre buena: cuando se le otorga un favor, agradece a su Señor, y cuando se ve aflijido soporta pacientemente y reza pidiendo alivio. Un hombre así nunca es un perdedor: *Y tened por cierto que os pondremos a prueba con temor, hambre, pérdida de riquezas, personas y frutos. Pero anuncia buenas nuevas a los pacientes. Aquellos que cuando les ocurre alguna desgracia dicen:"De Dios somos y a Él hemos de volver"* (2:155–56).

1 Tirmidī, Kitāb al-Zuhd, 57, Ibn Māŷa, Kitāb al-Fitan, 23.

2 Aḥmad, 3/159.

3 Tirmidī, Kitāb al-Zuhd, 57; Ibn Māŷa, Kitāb al-Fitan, 23.

4 Bujārī, Kitāb al-Marda, 3; Tirmidī, Kitāb al-Zuhd, 57.

Cuando se percibe de esta manera, la adversidad induce emociones diferentes al resentimiento habitual o a la ira sin sentido que expresa el hombre contra su destino. La adversidad se ve como una purificación de los efectos del comportamiento negligente e inmoral en el corazón, como una purificación de tendencias egocéntricas e individualistas y luego como la preparación necesaria para ganar estaciones espirituales más elevadas. Un siervo para el cual Dios ha predestinado alcanzar cierto rango espiritual y que falla en alcanzarlo por sus propios esfuerzos, Dios le pondrá a prueba con su cuerpo, posesiones o hijos; si acepta pacientemente, se le otorga el rango predestinado por Dios, Prestigioso y Exaltado sea. El conocimiento del Rigor Divino induce en el corazón el temor de Dios y estimula al individuo a la vigilancia, dándose cuenta de que Él conoce cada pensamiento, palabra y acto, y de que habrá una reacción para cada uno de estos. A un nivel superior al miedo a la represalia o al castigo, se encuenta el temor reverencial ante la inmensidad del Poder Divino. Se ha dicho reiteradamente que el creyente se eleva hacía su Señor con dos alas, la de la esperanza y la del miedo, y que ambas deben equilibrarse para poder elevarse.

Vamos ahora a examinar el concepto de "autoestima" a la luz de este tipo de conocimiento. Para el que no cree, la autoestima se basa en su opinión de sí mismo y lo que percibe que es la opinión de otros sobre él. El creyente, por otro lado, basa su autoestima en la igualdad máxima de la raza humana, en su absoluta dependencia del poder divino para mantener su propia existencia. Porque si este poder que sustenta, esta *qayyūmiyya*, se retirase, todo desaparecería de inmediato. Consecuentemente, ser un siervo de Dios es común a todos, mendigos y reyes, lo que no deja razón alguna para que los reyes se sientan superiores o para que los mendigos se sientan inferiores. Ambos no son nada ante el Absoluto, su verdadero valor depende de su pureza de corazón, no de la riqueza de sus ropas. Esto no está en ninguna parte mejor demostrado que en el encuentro anual del ḥaŷŷ en la llanura de ʿArafāt, donde todos están de pie, débiles y desamparados, rogando por misericordia, donde todas las señales exteriores de clase social desaparecen, dejando solo el sentimiento crucial de total incapacidad y dependencia de la compasión de Dios.

La seguridad en sí mismo, si se basa en logros personales, es una ilusión que puede fácilmente hacerse añicos, ya que el logro es un regalo, una gracia divina, y cuando se usa incorrectamente, el individuo se expone a perderla. La confianza en Dios, por otra parte, es la certeza de que Él ha dado y volverá a dar, ha protegido y volverá a proteger, y ha respondido y volverá a responder. Igual que la seguridad mundana aumenta con la experiencia repetida del éxito, la confianza en Dios aumenta con la experiencia repetida de la respuesta y ayuda divina. Finalmente conduce a preferir la confianza en Dios antes que en los seres creados y en las habilidades de uno mismo, y a penetrar en el velo de las causas y efectos materiales. El ser una persona imperturbable es la característica de aquellos que consiguen esta condición, mientras que la ansiedad y la agitación fútil es la característica de aquellos que no la consiguen.

(B) *Virtudes y Vicios*

Los autores musulmanes describen de forma tradicional el carácter como el conjunto de cualidades que se clasifican seguidamente en dos grupos según su conformidad u oposición con la norma profética y de ahí sus consecuencias en la otra vida. El primer grupo consiste en las "cualidades salvadoras", *al-munŷihāt*, y el segundo en las "cualidades ruinosas", *al-muhlikāt*, en otras palabras, virtudes y vicios. Ninguna cualidad se considera neutra. Al-Gazālī, que hizo famosa esta clasificación, tuvo cuidado en distinguir entre el comportamiento observable y las cualidades de carácter. Define esto último como la disposición interna que manifiesta que ciertos tipos de comportamiento sean espontáneos y no cuesten esfuerzo y otros tipos sean difíciles y laboriosos. La generosidad, por ejemplo, puede estar interiormente presente pero falla en manifestarse exteriormente debido a la falta de medios u otros obstáculos externos, mientas que un hombre que no es generoso por naturaleza puede aún así elegir actuar generosamente por motivos de ambición por eminencia social.

Al-Gazālī también afirma que existen cuatro virtudes básicas que son la síntesis de todas las demás: la sabiduría, el coraje, la continencia y el equilibrio. Según esta perspectiva, estas se definen así: la Sabiduría es la habilidad de distinguir lo correcto de lo erróneo en cada situación, el Coraje es la habilidad de controlar el instinto de supervivencia, la Continencia es la habilidad de controlar los apetitos físicos y el Equilibrio es la habilidad de usar las habilidades anteriores para mantenerse en el camino moderado y evitar un desequilibrio en cualquiera de las dos direcciones. Ya que si el instinto de supervivencia por ejemplo, se encuentra libre de trabas, se convierte en agresión, y si es excesivamente reprimido, da paso a la indefensión. Del mismo modo, existe un daño evidente en suprimir los apetitos físicos y en permitirles rienda suelta.

Vamos a reestructurar este conocimiento islámico tradicional, según lo expusó al-Gazālī y otros para adaptarlo a la mente contemporánea, y basándonos en el *ḥadīṯ* que dice: "Fui enviado para perfeccionar la nobleza de carácter"[1]. Adoptaremos una perspectiva por medio de la cual la nobleza se considerará la síntesis de todas las virtudes. Noble es sinónimo de elevado, y por lo tanto, la nobleza por definición excluye las cualidades vulgares o incluso insignificantes, es decir, las tendencias extrictamente egocéntricas, e incluye las tendencias elevadas, las teocéntricas. Es posible concebir la nobleza incluyendo tres virtudes básicas las cuales, a su vez incluyen todas las demás, concretamente: la dignidad, la generosidad y el coraje.

La dignidad de un musulmán tiene sus raíces, así como todas las demás virtudes, en su *tawḥīd*, y esta es la razón de que vea todas las cosas creadas en la palma de su Creador, y de que perciba claramente en ellas los signos de Su presencia y poder. La conciencia de esta impresionante presencia crea inevitablemente respeto hacia todas las

1 Aḥmad, 2/281, Mālik, *Muwaṭṭa'*, Kitāb Ḥusn al-Juluq, 8.

criaturas, incluyendo uno mismo. Le hace a uno humilde pero nunca servil, amable pero nunca débil. El *ḥadīṯ* dice: ¡Dios es amable y ama la amabilidad"[1]. Hace que el individuo se sienta independiente de otros y bien protegido, sin embargo al ser consciente de su propia impotencia y de la de los demás, la dignidad de un creyente nunca se vuelve orgullo. En la medida en que su fe y certeza sean firmes, se encontrará a salvo de los vicios enraizados en el orgullo tales como, la arrogancia, la presunción, el fingimiento y la ostentación. "El hombre cuyo corazón guarde un átomo de peso de orgullo nunca entrará al Jardín"[2], dice el *ḥadīṯ*, y seguidamente define el orgullo. "El hombre que se admira a sí mismo y desprecia a otros es orgulloso". La dignidad impone en los hombres que contengan sus lenguas y por lo tanto les prohíbe mentir, calumniar, maldecir, difundir rumores, crear escándalos o usar la obscenidad ya que eso les haría rebajarse. El *ḥadīṯ* dice: "Aquel que cree en Dios y en el Último Día debe hablar de forma noble o estar en silencio"[3], también se incluye la modestia, "La modestia y la fe son íntimos amigos: si se pierde uno, se pierde el otro"[4]. La modestia significa vestirse decentemente, comportarse con buenos modales con el sexo opuesto y ser cortés en todo momento. También significa evitar escuchar a escondidas, espiar y entrometerse en los asuntos de otros. "Es parte de la solidez de la fe de un hombre que deje en paz lo que no le concierne"[5]. Y por último, es también continencia (*ʿiffa*), que significa castidad y austeridad. La castidad para un musulmán significa restringir sus instintos sexuales a los medios legalmente autorizados, pero no significa abstinencia total, ya que, "No existe el ascetismo en el Islam". Es ejercitar el autocontrol según la *Šarīʿa* y la lógica, sin intentar reprimir completamente un instinto natural. La austeridad es tomar del mundo solo lo que es razonablemente necesario.

1 Bujārī, Kitāb al-Adab, 35; Muslim, Kitāb al-Birr, 77.
2 Muslim, Kitāb al-Imān, 147.
3 Bujārī, Kitāb ar-Riqāq, 23, y Kitāb al-Adab, 31.
4 Bujārī, Kitāb al-Adab, 77; Muslim, Kitāb al-Imān, 57.
5 Tirmidī, Kitāb al-Zuhd, 11; Ibn Māŷa, Kitāb al-Fitan, 12.

> Es suficiente para el hijo de Adán comer unos pocos bocados para mantener su espalda firme, pero si debe comer, que asigne una tercera parte de su comida a su estómago, una tercera parte a su bebida, y una tercera parte a su respiración. Nunca llena el hijo de Adán un contenedor peor que su estómago[1].

Aparte de los claros beneficios de salud obtenidos de seguir este consejo, un requisito básico de la dignidad humana es el contenerse de atiborrarse cada vez que se presenta la oportunidad.

El segundo elemento de la nobleza es la generosidad. Tiene sus raíces en la gratitud por el flujo ininterumpido de gracias y favores provenientes del tesoro divino e implica un mínimo de desapego de los encantos del mundo en sus formas físicas y sociales. Es la contraparte expansiva del egocentrismo. En el plano material significa dar libremente y de forma generosa sin esperar ganancia mundana, preferir a los demás a uno mismo y aún así considerarse en deuda con Dios. El Compañero, Ŷābir ibn ʿAbdil-Lāh, que Dios esté complacido con él, dijo una vez: "¡Nunca le preguntaron al Profeta por algo y dijo, No!" La generosidad es dar sin reservas de emociones y mostrar compasión por todos los seres creados. "Tened compasión por aquellos en la tierra y Él, que está en el cielo, tendrá compasión por vosotros"[2]. Es perdonar todas las ofensas personales y contenerse de pensar mal de otros o exponer sus debilidades y defectos. Los eruditos siempre han enfatizado la importancia de tener una buena opinión de Dios y de la gente, así como de los peligros de tener una mala opinión de Dios y de la gente. Tener una buena opinión de Dios es pensar que Él mantiene Sus promesas, provee a Sus criaturas, y responde cuando se le llama. Tener una buena opinión de la gente es nunca atribuir un acto a un motivo vulgar que pueda ser por lo menos fácilmente atribuido a un motivo neutro. Esto no significa, al contrario que mucha gente piensa, que uno debe permitir que se le tome por tonto, aunque es mejor que

1 Tirmidī, Kitāb al-Zuhd, 42; Ibn Māŷa, Kitāb al-Aṭʿima, 50.
2 Tirmidī, Kitāb al-Birr, 16.

te tomen por tonto que pensar mal de la gente y luego resulta que no se tenía razón. Este es un tema delicado, que se descuida a pesar de ser vital para tener una fe verdadera.

El último constituyente es el coraje, o la regulación del instinto de supervivencia, que se encuentra a mitad de camino entre la temeridad y la cobardía, y como se mencionó anteriormente, entre la pérdida de control y la agresión por una parte y la pérdida de autoafirmación y la vulnerabildad por otra. El coraje físico se requiere en la guerra y en otras situaciones peligrosas. El coraje moral es decir la verdad incluso si es amarga, ser testigo de la verdad incluso en contra de uno mismo o en contra de los familiares, y ordenar lo bueno y prohibir lo malo aún con la oposición de otros.

> Defender la verdad por la verdad, lleva a la rectitud y la rectitud lleva al Jardín. Un hombre dirá la verdad y la defenderá hasta que se convierta ante los ojos de Dios en un veraz (*ṣiddīq*). Y ten cuidado con mentir, ya que el mentir lleva a la corrupción y la corrupción lleva al fuego. Un siervo mentirá y persistirá en ello hasta que se convierta en los ojos de Dios en un mentiroso[1].

Por último, el coraje espiritual es estar en guerra contra el egoísmo propio y resistir los apetitos. Las virtudes dependen del conocimiento revelado. Pueden existir, no obstante de una manera unidimensional en los que no creen, muchos de ellos son por naturaleza razonablemente generosos, veraces y tienen compasión. La satisfación que obtienen de estas virtudes, sin embargo, está enteramente centrada en el ego, ya que se encuentran totalmente separados de la dimensión vertical o espiritual. Sin embargo, en el musulmán, la perfección de las virtudes está relacionada con la perfección de la fe. El Profeta ﷺ dijo: "El creyente cuya fe es la más perfecta, es aquel cuyo carácter es el más perfecto"[2]. La fuerza motora que convierte el conocimiento en cualidades nobles es la sinceridad. La falta de sinceridad es el cimiento del vicio.

1 Bujārī, Kitāb al-Adab, 69.

2 Abū Dāwūd, Kitāb as-Sunna, 10.

La sinceridad, cuando es lo suficientemente profunda, puede llevar a convertir un vicio en su virtud opuesta, y si no es lo suficientemente profunda, lleva por lo menos a reconocer el vicio y a neutralizar sus efectos más dañinos.

La sinceridad en *tawḥīd* es la unión de todas las facultades en un único objetivo: el conseguir la complaciencia de Dios. Es la conformidad de la razón, la imaginación, las emociones, los impulsos y las habilidades físicas a los dictamenes del conocimiento superior en la mente del individuo, que es *Lā ilāha il-lal Lāh*. Ya que la unidad divina implica que Dios demanda de los hombres todo lo que son, y el grado de sinceridad del individuo es el grado en el que cumple con esta demanda. Por lo tanto, atender a las necesidades físicas o emocionales de otra forma que no sea de la que Él ha ordenado u olvidándonos de Él, que ha creado las necesidades en nosotros, significa tener ídolos internos en el corazón, cada uno de los cuales comparte con Él la atención que debería ser exclusivamente Suya: *¿Qué opinión te merece quien hace de su deseo su dios?* (25:43). Estos ídolos internos obstruyen el progreso espiritual del individuo y son nefastos en la medida en que no se es consciente de ellos y por consiguiente se encuentra a su merced. Existe un *ḥadīṯ qudsī* que dice que se le asocia, por lo tanto, cuando el hombre comparte su corazón entre su Señor y sus pasiones, Dios le abandona a estos ídolos internos. Sin embargo, si es consciente de ellos y lucha por liberar su corazón para que sea adecuado para convertirse en el "Trono del todo Misericordioso", entonces, eventualmente alcanza el punto donde todas sus facultades se encuentran unificadas de verdad en este objetivo, y este es el *tawḥīd* del corazón, o sinceridad verdadera. Esta es la razón por la que la mayor expresión de unidad Divina en el Corán se denominó Sūra al-Ijlāṣ, que significa sinceridad y no Sūra al-Tawḥīd. Es importante dispersar cualquier duda en este punto afirmando que este tipo de idrolatría interior no cuestiona la declaración exterior de *tawḥīd*, ni excluye a nadie de ser musulmán como lo haría la idolatría externa. Significa, sin embargo, que existe una falta de sinceridad.

La falta de sinceridad permite que aparezcan los vicios en los musulmanes. El Profeta ﷺ, una vez preguntó a sus compañeros:

> "¿Sabéis quiénes son los desposeídos?" Respondieron, "Los desposeíd dos son aquellos que no tienen ni dinero ni posesiones". Contestó: "Los desposeidos de mi nación son aquellos que llegan el Día del Levantamiento con sus rezos, *zakat*[1] y ayunos, habiendo, sin embargo, insultado a alguien, calumniado a otro, tomado el dinero de alguien, habiendo derramado la sangre de otro y golpeado a otro. Darán todas sus buenas obras, hasta que no les quede ninguna y estén en deuda, entonces los pecados de sus víctimas les caerán encima, en ese momento serán arrojados al fuego"[2].

La ausencia total de sinceridad equivale a la incredulidad, y en aquellos que exteriormente profesan ser musulmanes, equivale a la hipocresía. Las señales del hipócrita se describen en un *ḥadīṯ*, "cuando habla miente, cuando hace una promesa no la mantiene, y cuando se le confía algo, traiciona"[3]. Todo esto son formas de traición. El *ḥadīṯ* no implica que un hipócrita se comporte así constantemente, sino que ese tipo de comportamiento es más frecuente que su opuesto.

VALORES SOCIALES

(A) *Reglas Generales*

El Corán y la Sunna ofrecen un marco de referencia completo que explica el conjunto de aspectos internos y externos que conciernen los asuntos de la comunidad islámica. Los principios que regulan cada tipo de transacción social junto con las posturas que se deben adoptar hacía las minorías no musulmanas que viven en los estados islámicos

---

1 Los musulmanes deben pagar la forma prescrita de caridad, que es un cuarentavo de sus ahorros, cosechas o comercio. Este es uno de los cinco pilares del Islam y se llama *zakāt*, que significa purificación.

2 Muslim, Kitāb al-Birr, 60.

3 Bujārī, Kitāb al-Imān, 34, Y Kitāb al-Adab, 69; Muslim, Kitāb al-Imān, 107.

están todos registrados. El principal fundamento en el que se basan estos principios es que, todos los seres creados son parte de un mismo dominio que pertenece a un solo Dios, y por consiguiente todos deben ser respetados, y tratados con justicia y compasión, siendo conscientes de que tratamos con Él en cada transacción, no simplemente con la criatura en cuestión. Es legítimo detestar la incredulidad o el vicio en otros hombres, pero nunca detestarles a ellos como seres, ya que son todos de Adán y todos ellos han recibido el soplo divino del espíritu que es su dignidad específica. Por lo tanto, se prohíbe cualquier forma de discriminación, mucho más la persecución y el genocidio. Esto en lo que concierne a los seres humanos. En cuanto a los animales, son la creación de Dios y le pertenecen. Es solo con Su permiso que podemos sacrificar animales para alimentarnos, pero solo siguiendo las reglas establecidas por la *Šarī'a*, por las cuales se garantiza que se hace con compasión, dignidad y sin exceso.

Se ordena a los musulmanes que vivan los unos con los otros representando un solo organismo ya que "Los creyentes, en su afecto mutuo, compasión y solidaridad, son un solo cuerpo; cuando uno de sus órganos se enferma, el resto del cuerpo responde con fiebre e insomnio"[1]. Y, "Los musulmanes son una sola construcción, cada parte apoya a las demás"[2]. Y, "Ninguno de vosotros es un creyente hasta que desea para su hermano lo que desea para él mismo"[3]. Y, "¡No os envidiéis, no os superéis los unos a los otros con el fin de aumentar los precios, no generéis antagonismo, no os alejéis unos de otros, y sed, oh siervos de Dios, hermanos! El musulmán es un hermano del musulmán, no le oprime ni le traiciona, tampoco le miente ni le menosprecia. ¡La *taqwā* (devoción o conciencia de Dios) yace aquí!" Lo repitió tres veces, indicando su pecho. "Es una acción vil para un hombre menospreciar a su hermano musulmán. El musulmán es inviolable para otro musul-

1 Bujārī, Kitāb al-Adab, 27; Muslim, Kitāb al-Birr, 66.
2 Bujārī, Kitāb al-Adab, 36.
3 Bujārī, Kitāb al-Imān, 7; Muslim, Kitāb al-Imān, 71 Y 72.

mán: su sangre, su propiedad y su honor"[1]. Y, "Quienquiera que alivie a un creyente de una carga en este mundo, Dios le aliviará de una de las dificultades del Día del Levantamiento. Quienquiera que aligere el peso de alguien en necesidad, Dios le aliviará su peso en este mundo y en el otro. Quien proteja a un musulmán, Dios le protegerá en este mundo y en el otro. Y Dios continúa ayudando al siervo siempre y cuando el siervo ayude a su hermano"[2]. Otras instrucciones conciernen cortesías; como la obligación de saludar a otros musulmanes con *salām* (paz), instrucciones precisas sobre a quién debe saludar antes, y el espíritu con en el que se debe hacer. "Un creyente es cordial y fácil de tratar. No hay nada bueno en aquellos que no son ni amables ni fáciles de tratar"[3]. Los modales a la hora de viajar y en los mercados también se especifican, así como la obligación de que los jóvenes respeten a los mayores y que estos a su vez, sean cariñosos y atentos con los jóvenes. "No es uno de nosotros, aquel que no respeta a nuestros mayores, ni tiene compasión por nuestros jóvenes"[4].

Seguidamente, uno puede pasar de lo general a lo más específico con instrucciones que regulan el comportamiento con los vecinos, parientes, cónyuges, niños y sirvientes. La vecindad ha sido siempre extremadamente importante en las sociedades islámicas, la razón es el gran énfasis que dio el Profeta ﷺ en estas relaciones. "Gabriel me habló tan frecuentemente del vecino que pensé que le permitiría [incluso] heredar"[5]. Y, "Que aquel que crea en Dios y en el Último Día no ofenda a su vecino, y aquel que crea en Dios y en el Último Día que honre a su invitado"[6]. Y, "Ninguno de vosotros es un creyente hasta que su vecino esté a salvo de su daño"[7]. Se ordena por consiguiente a

1 Bujārī, Kitāb al-Adab, 57; Muslim, Kitāb al-Birr, 23.
2 Bujārī, Kitāb al-Maẓālim, 3; Muslim, Kitāb al-Birr, 58.
3 Aḥmad, 4/400 y 5/335.
4 Tirmidī, Kitāb al-Birr, 15, Abū Dāwūd, Kitāb al-Adab, 58.
5 Bujārī, Kitāb al-Adab, 28.
6 Ibídem, 31.
7 Ibídem, 29.

los musulmanes que cuiden de los intereses de sus vecinos, que protejan a sus familias y su propiedad cuando estén ausentes, que no les espíen o fisgoneen en sus asuntos. Se les prohíbe construir muros tan altos que les obstruyan el viento. Deben darles una porción de lo que traen del mercado y nunca deben irse a dormir sin estar seguros de que ninguno de ellos duerme con hambre. Todavía existen comunidades de musulmanes donde a nadie se le pasa por la cabeza sentarse a la mesa sin asegurarse de que se ha enviado al vecino algo de lo que se ha cocinado ese mismo día"[1].

En cuanto a los familiares, uno debe de esforzarse por conocer a cuantos más de ellos pueda para poder mantener los lazos de parentesco. "Conoce tu linaje" ordenó el Profeta ﷺ, "para que puedas mantener los lazos de parentesco". Ya que una de las mayores obligaciones sociales de un musulmán, es cumplir con los derechos de parentesco (*ṣilat al-raḥim*). Estos derechos incluyen preguntar por ellos para poder ayudarles cuando lo necesiten, económicamente o de otras formas, y preferiblemente sin que tengan que pedirlo. También incluye visitarlos, mostrarles afecto, cuidar al que está enfermo, al anciano, y a las viudas y huérfanos de entre ellos. Cuando estos derechos se llevan a cabo efectivamente, como lo fueron hasta hace poco, se hacen innecesarios los asilos de ancianos, los horfanatos, los sistemas de seguridad social, y los otros tipos de instituciones en las que el gobierno impersonal se encarga y asigna a trabajadores las responsabilidades que deberían incumbir a los familiares. Ninguna sociedad musulmana debería permitir el desarrollo de estas instituciones, ya que esto sería otra señal de que la fe se ha debilitado de tal forma que amenaza su extinción. "El que rompe los lazos de parentesco no entra en el Jardín"[2], dijo el Profeta ﷺ. Y dijo: "Aquellos que deseen larga vida, que su provisión aumente, y estar protegidos de una muerte desagradable, que tengan temor de Dios y que guarden sus lazos de parentesco"[3]. Y, "El que guarda [sus

1 Tirmidī, Kitāb al-Birr, 49.
2 Muslim, Kitāb al-Birr, 18–19.
3 Bujarī, Kitāb al-Adab, 12.

lazos de parentesco] no es aquel que paga del mismo modo, sino el que, cuando los lazos de parentesco se rompen, él los une"[1].

(B) *Paternidad*

La definición islámica del papel de la mujer es inequívoca: cuenta con una superioridad inigualable como madre y una posición de relativa subordinación como esposa. Cuando uno de los compañeros preguntó al Profeta ﷺ, quién tenía más derechos sobre él, le contestó: "Tu madre". Se repitió la pregunta dos veces más y se dio la misma respuesta. Solo a la cuarta dijo, "Tu padre"[2]. Otro compañero pidió permiso para unirse a una expedición militar y el Profeta ﷺ le preguntó: ¿Tienes madre? El contestó que sí y se le dijo: "Quedate con ella, pues el Jardín está bajo sus pies"[3]. Y esto fue a pesar del hecho de que muy pocos actos en el Islam están por encima del *ŷihād*. Otros muchos *hadices* confirman como principio general la devoción a la madre, lo que hace que esto sea un camino directo al Paraíso. En una ocasión Ibn Masʿūd preguntó al Profeta ﷺ acerca de cuáles eran los mejores actos. Contestó que era hacer el rezo a su hora. "¿Después cuál, oh Mensajero de Dios?" Preguntó. "Ser bueno con tus padres" contestó. "¿Después cuál, oh Mensajero de Dios? Preguntó de nuevo. "Luchar en el camino de Dios", fue la respuesta[4]. Esto es lo contrario de lo que se hace en Occidente al poner a la esposa primero, y significa que en la práctica, los conflictos normales entre la madre y la nuera deben siempre resolverse a favor de la madre, aunque parezca injusto a primera vista. El hogar de una familia solía incluir, hasta la reciente urbanización, a todos los varones y sus familias. La madre era la indiscutible reina de la casa y todos los demás vivían bajo sus alas. Esta situación la libraba de la necesidad de competir con sus nueras, y se sentía segura para tratarlas bien. Sus poderes eran tiránicos pero todo el mundo conocía su lugar y papel y

1 Ibídem, 15.

2 Bujarī, Kitāb al-Adab, 2; Muslim, Kitāb al-Birr, 1.

3 Al-Ḥakim, *al-Mustadrak*, 4/151; Bayhaqī, *Šhuʿab al-Imān*, 6/178.

4 Bujarī, Kitāb al-Adab, 1.

por consecuente, era fácil para ella ser benévola y maternal. Se esperaba por lo tanto, que reinase una armonía razonable en el hogar. Sus poderes, sin embargo, no se extendían hasta el punto de poder acosar a alguien en la casa, o de forzar a sus hijos a privar a su esposa de sus derechos o propiedad, o a tratarla mal o a divorciarla, porque en tales situaciones era cuando intervenía el padre.

El padre, a pesar de su posición reconocida como cabeza de familia, viene primero solo en cuanto respecta a su mujer, pero segundo en cuanto a sus hijos se refiere. Siempre que el Corán habla de los deberes filiales, es a ambos padres que se hace referencia, nunca solo al padre. *Tu Señor ha ordenado que solo Lo adoréis a Él y que hagáis el bien con los padres. . .* (17:23). *Sé agradecido conmigo y con tus padres* (31:14). Por consiguiente, la gratitud a Dios debe asociarse con la gratitud a los padres y la obediencia a Dios con la obediencia a los padres. El *ḥadīṯ* dice: "La sastisfacción del Señor yace en la sastisfacción de los padres, y Su desagrado en su desagrado"[1]. Y "Dios ha prohibido que os rebeléis contra vuestras madres"[2]. La excepción de la regla es si alguno de los padres desea que se haga algo que está prohibido en la *Šarī'a*, ya que, "No hay obligación en obedecer a algo creado en desobediencia al Creador"[3]. Se repite en numerosos *hadices* el compromiso total que deben tener los hijos hacía los padres. El Profeta ﷺ, dijo a un compañero que al casarse, había dejado de ayudar económicamente a su anciano padre: "Tú y lo que posees pertenece a tu padre"[4].

Los derechos que tienen los padres sobre sus hijos no terminan cuando mueren, ya que al morir los hijos deben visitar sus tumbas de forma regular, deben rezar por ellos, ofrecerles recitaciones de Corán, dar limosna en su nombre, realizar por ellos cuando sea posible el Ḥaŷŷ y la 'Umra, y visitar a la gente que ellos querían mostrándoles cortesía y afecto en memoria de los padres fallecidos. Estas prácticas están lejos

1 Tirmidī, Kitāb al-Birr, 3.
2 Tirmidī, 4/259.
3 Bujarī, Kitāb al-Adab, 6.
4 Aḥmad, 2/179.

del tipo de indiferencia que los occidentales llaman "autonomía", la cual mantiene una posición muy destacada en su sistema de valores.

En cuanto a los derechos de los hijos sobre los padres; los padres deben proporcionarles sus necesidades materiales en la medida de sus capacidades y según los estandares de su clase social y saciarles emocionalmente para que crezcan seguros y con confianza. La educación y la disciplina es lo siguiente. "Es un derecho que el niño tiene sobre el padre que le discipline bien y que le ponga un buen nombre"[1], dice un *ḥadīṯ*, mientras que otro dice, "Para algunos de vosotros educar a un hijo es mejor que dar diariamente una porción de grano al pobre"[2]. Los padres también deben encontrar para sus hijos esposas idóneas cuando llegue el momento y darles buen consejo de ahí en adelante. Por último, los padres deben facilitar que sus hijos cumplan con sus obligaciones hacia ellos, y evitar ser díficiles o exigentes.

(C) *Matrimonio*

El matrimonio es una de las instituciones cruciales en el Islam y por lo tanto una de las más explícitamente reguladas. Se recomienda que los jóvenes se casen a temprana edad, como protección contra relaciones irregulares y socialmente perturbadoras, y también para que alcancen pronto en sus vidas la madurez y la estabilidad. Un *ḥadīṯ* dice que, "Cuando el siervo se casa, completa la mitad de su religión, déjale a partir de ahí que tema a Dios en la mitad restante"[3]. Otro conocido *ḥadīṯ* explica al hombre cómo debe elegir esposa, exponiendo que existen cuatro razones por las que se debe desear a una mujer en matrimonio: riqueza, posición social, belleza y devoción religiosa. El *ḥadīṯ*, continua exhortando a los hombres a dar prioridad a la devoción religiosa sobre todas las demás razones[4], ya que una mujer piadosa es

1 Al-Haytamī, *Maŷmaʿ al-Zawāʾid*, 8/47; Bayhaqī, *Sunan*, 10/15; Ibn Abī Šayba, *Musannaf*, 5/219.

2 Tirmidī, Kitāb al-Birr, 33.

3 Al-Ḥakim, *al-Mustadrak*, 2/161, Ṭabarānī, *Awsaṭ*, 1/294; Bayhaqī, *Šuʿab al-Imān*, 3/383.

4 Bujarī, Kitāb al-Nikāḥ, 15.

una ayuda efectiva en el camino a la otra vida, mientras que una esposa con amor por este mundo, es en el mejor de los casos, una distracción y en el peor de los casos una influencia activamente nefasta. Puede, por ejemplo, poner a su marido bajo constante presión para que la provea de lujos que él duramente puede permitirse, conduciéndole de este modo a caer en actos deshonestos, el fraude o el soborno. Es en ese sentido que el Corán advierte: *¡Vosotros que creéis! ¡Es cierto que entre vuestras esposas e hijos hay enemigos para* vosotros, *guardaos de ellos!* (64:14).

La base de la relación matrimonial en el Islam nunca es la pasión ni la infatuación o la mera atracción sexual, sino el tipo de afección estable que garantiza seguridad emocional y por consiguiente, paz y durabilidad. El Corán dice: *Él es Quien os creó a partir de un solo ser del que hizo a su pareja para que encontrara sosiego e intimidad en ella* (7:189). Y otra vez: *Y parte de Sus signos es que os creó esposas sacadas de vosotros mismos para que encontrarais sosiego en ellas y puso entre vosotros amor y misericordia* (30:21). Para conseguir esto, se han prescrito reglas en la *Šarīʿa* basadas en la propia naturaleza de los hombres y las mujeres y diseñadas para hacer que la relación sea satisfatoria y estable. Por lo tanto, la posición de cada persona con respecto al otro y con los niños se señala de forma inequívoca. *Los hombres están a cargo de las mujeres,* dice el Corán, *en virtud de la preferencia que Dios ha dado a unos sobre otros y en virtud de lo que en ellas gastan de sus riquezas. . .* (4:34).

Aquello con lo que los hombres han sido favorecidos es lo que les permite desempeñar sus funciones y cumplir con sus responsabilidades, en concreto, una inteligencia que es más objetiva y menos sujeta a influencias emocionales, la fuerza física para trabajar en el exterior, el poder adquisitivo que va con estos dos atributos, la responsabilidad de darle su nombre a los niños y los consiguientes derechos hereditarios. Esto hace al hombre ser el principal factor de estabilidad en el hogar, el pivote alrededor del cual gira todo lo demás. Por lo tanto, se espera que provea seguridad material de la mejor manera que pueda, lo que incluye cubrir todas las necesidades del hogar, proteger a sus miembros de agresión externa, y actuar de árbitro en caso de discordia interna.

También debe ofrecer seguridad emocional y ayuda siendo una fuente de cariño y afecto, demostrando su aprecio por el esfuerzo realizado en el hogar, y garantizando plenitud sexual. Estas son sus obligaciones en este mundo. Sus obligaciones religiosas son, enseñar a la familia los fundamentos de la fe y la manera de llevar a cabo de forma correcta los actos de adoración, y seguidamente supervisar su implementación. Se espera que sea intransigente en cuanto a los derechos que tiene Dios sobre su familia y que sea extremadamente tolerante en cuanto a sus propios derechos personales, y nunca lo opuesto. Los hombres deben saber que serán preguntados por la manera en la que cumplieron con estas obligaciones, ya que el Profeta ﷺ dijo: "Sois todos guardianes, y cada uno será preguntado por las personas a su cargo"[1].

Habiendo expuesto el concepto islámico de la naturaleza de los hombres y sus roles, vamos ahora a ver lo que se debe de saber con respecto a las mujeres. El *ḥadīṯ* dice: "Os ordeno tratar bien a las mujeres, ya que las mujeres fueron creadas de una costilla, la parte más curvada de esta costilla es su parte superior, si quisieras tensarla la romperías, y si la dejas ser, permanecerá encorvada" [2].

El *ḥadīṯ* se refiere al simbolismo de la historia de la creación de Eva de una costilla de Adán. Que ella fue creada de él indica que sus naturalezas son similares en muchos aspectos y que donde son diferentes no es en oposición, sino en complementariedad. La curva de la costilla sugiere la sujeción protectora y sustentadora de la madre de su bebe en el pecho. Esta es la máxima expresión emocional en términos humanos. La carga emocional que se requiere de las mujeres para funcionar en el papel de madres, necesariamente influye en su habilidad para pensar de forma objetiva e indiferente, especialmente cuando sus intereses o los de sus hijos están en juego. Esta es la razón por la cual se dice que la parte superior o el extremo de la costilla es la parte que sufre más flexión, es decir, la parte más sujeta a la influencia

1 Bujarī, Kitāb al-Aḥkām, 1; Muslim, Kitāb al-Imra'a, 30.
2 Bujarī, Kitāb al-Anbiyā', 1; Muslim, Kitāb ar-Riḍā, 62.

de emociones. Intentar enderezarla es intentar forzar a las mujeres a actuar como hombres, lo cual, si fuera posible, las privaría de su habilidad de cuidar de sus hijos adecuadamente. Intentar enderezarla es sin embargo, claramente imposible, y esta es la razón por la que se dice en el *ḥadīṯ* que rompería la costilla, es decir, daría lugar a la perturbación de la relación y al divorcio. Esto no significa de ningún modo que no haya mujeres que piensen más objetivamente que muchos hombres, ni que no haya hombres que sean más emocionales que muchas mujeres, sino que significa que estas diferencias deben verse como algo positivo, no negativo, ya que el hecho de que cada uno provea las cosas que le faltan al otro ofrece una diferenciación de roles en la relación y por consiguiente estabilidad. Se pide a las mujeres que sean razonablemente obedientes, que estén bien arregladas, que sean eficientes en el manejo del hogar, que estén atentas al bienestar de los niños, y que sean leales, es decir, discretas en cuanto a los asuntos de sus maridos y a su relación mutua.

Que la gente no son ángeles y que el matrimonio puede ser muy difícil es un hecho reconocido en el Islam, y existen por lo tanto instrucciones para que ambas partes puedan remediar las principales causas de discordia. La importancia de proteger la relación matrimonial fue muy enfatizada por el hecho de que el Profeta ﷺ, habló de ello en dos de las ocasiones más significativas, en el Peregrinaje de Despedida y en su lecho de muerte; donde se esperaba que mencionase sólo asuntos de extrema importancia. En ambas ocasiones ordenó a los hombres que tratasen bien a sus mujeres, y puso la carga de la responsabilidad de preservar la relación directamente sobre sus hombros. Ya había dicho: "Los mejores de vosotros son los que son los mejores con sus esposas, y yo soy el mejor de vosotros con mis esposas"[1]. Y, "El creyente cuya fe es la más perfecta, es el que tiene mejor carácter y los mejores de entre vosotros son aquellos que son los mejores con sus esposas"[2]. También se dirigió a ambos en la pareja: "Todos sois guardianes y responsables

1 Bujarī, Kitāb al-Nikāḥ, 43, y Kitāb al-Adab, 38.
2 Ibn Māŷa, Kitāb al-Nikāḥ, 50.

de aquellos a vuestro cargo. El gobernante es un guardián, el hombre es un guardián sobre los miembros de su casa, la mujer es un guardián sobre la casa de su marido y sus hijos. Todos sois guardianes y responsables de aquellos a vuestro cargo"[1].

Se avisa a las mujeres de forma explícita contra una de las mayores trampas, el negar los aspectos positivos de sus maridos y resaltar únicamente los negativos. También se les dice que con que realicen las obligaciones religiosas mínimas y con que obedezcan a sus maridos tienen garantizado el Paraíso. Para prevenir que los hombres tomen estas instrucciones demasiado literalmente y que exijan de sus esposas obediencia total, lo cual se reconoce, en realidad, como totalmente imposible, el Profeta ﷺ aclaró que no se debía tomar el divorcio de forma ligera, ya que es, "la cosa permitida que Dios más detesta"[2]. Tiene que ser el último recurso después de que todos los intentos de reconciliación hayan fallado, incluyendo el arbitraje por parte de los mayores de ambas familias: *Y si teméis una ruptura entre ambos, nombrad un árbitro de la familia de él y otro de la familia de ella; que si quieren reconciliarse, Dios propiciará su reconciliación* (4:35). Se ordena la discreción de ambos esposos por razones obvias. *Las habrá que sean rectas, obedientes y que guarden, cuando no las vean, aquello que Dios manda guardar* (4:34), dice el Corán, y "*Uno de los peores en el Día del Levantamiento es un hombre que duerme con su mujer y luego uno de ellos divulga su secreto*"[3], dice el *ḥadīṯ*.

En cuanto a la poligamia, aparte de las conveniencias prácticas, por ejemplo, poder tener hijos de una segunda mujer sin verse obligado a divorciar a una primera que sea estéril, o poder ofrecer protección legalmente autorizada a una viuda o a una divorciada junto con sus hijos; el simple hecho de que se permita una segunda esposa o más, reduce la probabilidad de que las mujeres consideren a sus esposos una posesión exclusiva, algo que se ve frecuentemente en otras culturas. A todo esto, podriamos añadir el hecho de que las mujeres en el Islam

---

1 Bujarī, Kitāb al-Aḥkām, 1; Muslim, Kitāb al-Imra'a, 30.

2 Abū Dāwūd, Kitāb al-Ṭalāq, 3.

3 Muslim, Kitāb al-Ṭalāq, 13 y 14; Abū Dāwūd, Kitāb al-Adab, 32.

mantienen sus posesiones materiales de forma independiente y por lo tanto, disfrutan de un tipo de autonomía financiera desconocida en el Occidente hasta después de la industrialización, particularmente desde el año 1960.

Finalmente, tenemos que tratar la relación sexual entre los cónyuges y la forma en la que la perciben los musulmanes. Primero de todo, vamos a decir, por el bien de aquellos que han crecido en un ambiente reservado, que no existe ningún sentimiento de culpabilidad o vergüenza relacionado con esta relación. Se considera tan natural y normal como el comer y beber y un derecho legítimo de hombres y mujeres. Su objetivo no es solo la procreación, sino también el fortalecimiento de los lazos matrimoniales y la satisfacción de la forma más placentera posible de un apetito natural. También tiene significados superiores relacionados con la unión entre parejas.

El Profeta ﷺ, habló de ello con sus compañeros de la misma manera que les habló de cada aspecto de sus vidas diarias. "Que ninguno de vosotros se acerque a su mujer como un animal", dijo una vez, queriendo decir que el acercamiento no debe ser brusco, "sino que haya un mensajero entre ellos". Le preguntaron qué podía ser este mensajero y el respondió, "El beso y la palabra"[1]. La referencia aquí es a la conversación íntima, a las palabras que excitan emocionalmente, y al juego previo, es decir, a las caricias. También indicó que una de las tres cosas que indicaba deficiencia en un hombre, era que se acercase a su esposa sin prepararla, acostarse con ella y satisfacer sus necesidades antes de las de su mujer. También exhortó a las mujeres a embellecerse para sus maridos y a evitar rechazarlos sin una excusa genuina. "Cuando un hombre invita a su mujer al lecho y ella se niega, y este pasa la noche enfadado con ella, los ángeles la maldicen hasta el amanecer"[2]. Se anima por lo tanto a los hombres y mujeres musulmanes que no se encuentran satisfechos con su vida sexual a que busquen consejo.

---

1 Cita atribuida a Daylamī, en el *Iḥyā' 'Ulūm ad-Dīn* de Al-Gazālī, 2/72.

2 Bujarī, Kitāb al-Nikāḥ, 85; Muslim, Kitāb al-Nikāḥ, 120 y 21.

(D) *Muerte*

Hemos dicho anteriormente que la muerte es el paso de una dimensión de existencia a otra. El *ḥadīṯ* dice: "El mundo es la prisión del creyente y el Jardín del que no cree"[1]. Aquellos que añoran encontrar a su Señor en la perfección de la vida por venir, experimentan las distracciones y los placeres de este mundo como obstáculos entre ellos y su objetivo. Luchan contra sus egos y sienten los sufrimientos de sus hermanos tan intensamente como sienten los suyos mismos. Se encuentran constantemente resistiendo el arrastre descendente del mundo y se ofenden por el comportamiento desviado de otros.También saben que, "Aquellos que aman encontrarse con Dios, Dios ama encontrarse con ellos"[2], y saben de la paz y los placeres del Jardín y de la beatífica visión del semblante divino.

Cuanto más débil es la fe de un hombre y mayor es su ignorancia en estos asuntos, mayor es su apego al mundo y su reticencia a morirse. Esta es la razón por la que se nos anima a recordar la muerte de manera frecuente. "Recuerda con frecuencia al derrotador de los placeres: la muerte"[3], dijo el Profeta ﷺ. Y cuando se le preguntó, "¿Quiénes entre los creyentes son los más sagaces?" contestó, "Aquellos que recuerdan la muerte con más frecuencia y son los mejores en preparse para lo que sigue; estos son los sagaces"[4].

Animó visitas regulares a los cementerios por la misma razón. El recuerdo de la muerte separa al individuo del mundo, reduciendo todo lo que hay en él a sus proporciones correctas y presenta la muerte y los acontecimientos que le siguen como algo familiar y mucho menos aterrador. Esto hace que la muerte sea mucho más fácil. La mayoría de los musulmanes hoy en día, sin embargo, no saben de estos temas y por consiguiente se horrorizan con la mera mención de la muerte. Su actitud es por lo tanto, exactamente opuesta a la que se debería

1 Muslim, Kitāb al-Zuhd, 1; Tirmidī, Kitāb al-Zuhd, 16.

2 Muslim, Kitāb al-Ḏikr, 14 y 18; Tirmidī, Kitāb al-Zuhd, 6, Y Kitāb al-Ŷanā'iz, 67.

3 Tirmidī, Kitāb al-Zuhd, 4; Nasā'ī, Kitāb al-Ŷana'iz, 33.

4 Ibn Māŷa, Kitāb al-Zuhd, 31.

tener; se aproximan así a la postura de los que no creen, los cuales, al no saber de un Paraiso excepto en esta vida, se muestran reacios de forma exagerada a abandonarla y nunca entienden que alguien en su sano juicio esté deseoso de hacerlo.

Una de las claras misericordias que Dios otorga a su nación es que a muchos de aquellos musulmanes que viven en el olvido de la vida por venir les hace sufrir una larga enfermedad antes de morir. El resultado es el desapego del mundo y la meditación en la otra vida que de forma gradual se impone en ellos y así cuanto llega el momento están completamente preparados. Esta es la razón por la cual la noción de la eutanasia no surge en un ambiente islámico. Tampoco es correcta la actitud en la actualidad de algunos occidentales de que la vida se debe prolongar a toda costa. Esta idea ha penetrado en algunos médicos musulmanes, y el interés en el Islam por proveer al musulmán de una muerte digna se ha ido debilitando. Insistir en salvar la vida de alguien a toda costa puede significar en muchos casos mantenerlo en cuidados intensivos con tubos saliendo de cada orificio, sin que pueda hablar o decir la *Šahāda*[1], y distraído con las agitadas actividades del personal sanitario. Es mucho más importante permitir que un musulmán muera como debe, que intentar salvar su vida a toda costa robándole la oportunidad de hacerlo el mismo. La persona que está muriendo debe ser atendida por gente piadosa que le debe recordar decir *Lā ilāha il-lal lāh* simplemente repitiéndoselo al oído, y no ordenándole decirlo. También deben recitar Yā Sīn y otras porciones del Corán y rezar continuamente por él. Se debe ayudar a la persona que está muriendo a que permanezca en estado de pureza ritual y renovar su *wuḍūʿ*[2] cuando lo pierda, se les debe recordar la inmensa misericordia de Dios, de la esperada intercesión del Profeta ﷺ, y otros asuntos posi-

1 La *Šahāda* es la afirmación de fe por la cual una persona acepta el Islam o reafirma su pertenencia al Islam. Consiste en decir *Lā ilāha il-lal lāh*, que significa: ¡No hay deidad sino Dios!

2 El *Wuḍū* es la purificación ritual o ablución en preparación para el rezo. La raíz de la palabra significa "luz" y la implicación de esto es la indicación de realizar la ablu-

tivos. Así la persona que está muriendo puede que lo haga esperando la misericordia de Dios y experando Su perdón, ya que Dios dice en el *ḥadīṯ qudsī*, "Soy como Mi siervo piensa que soy"[1].

En cuanto a la familia del fallecido, se les debe atender confortándoles y ayudándoles en su luto. La expresión de pena, dolor y enfado es alentada y se acepta, siempre y cuando no resulte en algo melodramático, lo cual está estrictamente prohibido. Se les permite llorar y lamentar la muerte de forma plena, pero nunca pegarse en la cara o desgarrar sus ropas, aunque puede que suceda a veces. Se les recuerda que, "Dios es más misericordioso con ellos que una madre con su bebe"[2], que esto es otra prueba que deben sufrir, y que si lo permiten Él, Dios, les ayudará y pondrá fuerza en sus corazones, perdonará sus pecados y con ello incrementará su estación. Se les recuerda que ninguna pérdida se equipara con la del Profeta ﷺ y que incluso él tuvo que sufrir la muerte de muchos de sus seres queridos y de todos sus hijos menos uno, Fāṭima, que Dios este complacido con ella. Se espera de aquellos que vienen a dar el pésame que participen en el proceso de aliviar la pena, cada uno a su manera. Se espera que los vecinos y familiares se encargen de preparar la comida para los que visitan, se ocupen de las necesidades de la casa, y se mantengan atentos ante cualquier tipo de ayuda práctica que puedan aportar. Se tiene que alentar a la familia a que visiten la tumba, den limosna en nombre del fallecido, recen por él, reciten Corán, y si es necesario, que realicen el Ḥaŷŷ y el 'Umra por el difunto.

Hasta hace poco se animaba al cónyuge del fallecido a que volviera a casarse poco después del fallecimiento. Esto daba lugar a una reorganización efectiva de sus vidas, material y emocionalmente, y a una satisfación de las necesidades de los niños.

La ira y el resentimiento contra el cielo y la posibilidad de dis-

---

ción con purificación en mente para remover la oscuridad del error y la distracción y prepararse para la recepción de la luz de los actos de adoración.

1 Bujarī, Kitāb al-Tawḥīd, 15 y 35; Muslim, Kitāb al-Dikr, 2 Y 19.

2 Ibn Māŷa, Kitāb al-Zuhd, 3.

función psicológica son algo que es más probable que le suceda a una persona cuya estructura cognitiva está alejada de los valores y principios islámicos descritos anteriormente. Gente así necesitará una atención más personal.

(E) *Ética de Trabajo*

Los musulmanes no están obsesionados con la productividad[1], o por lo menos, no lo han estado hasta hace poco, cuando empezaron a adoptar ciegamente cualquier cosa que les llegaba de Occidente. Aquellos que todavía son concientes de su jerarquía tradicional de valores nunca miden su vida terrenal solamente en términos de posesiones materiales y placeres físicos. Trabajan porque tienen que proveer para ellos y sus dependientes y no porque haya algo bueno en el trabajo de por sí, como algunos pensadores modernos nos quieren hacer creer. El único aspecto positivo del trabajo hoy en día, aparte de la obligación citada, es que mantiene a mucha gente al margen de la malicia, gente que de otro modo podría probablemente caer presa de uno o más de los vicios de nuestros días. En épocas mejores, cuando la gente sabía usar su tiempo de forma más constructiva, esto no sucedía.

1 La obsesión con la productividad es parte de la engañosa racionalidad de la sociedad de consumo. Un autor consciente de esto escribió que deseaba llamar la atención a, ". . .la invasión de los asuntos humanos con una ideología que usa deliberadamente un tipo de racionalidad excluyendo todas las demás". Seguidamente habla de "Racionalidad Económica que premia la productividad, conseguida a través del aumento de la eficiencia, efectividad y economía, excluyendo cualquier otra consideración". Continua diciendo, "La deshumanización del trabajo y el requisito en incremento de gente para las demandas de las máquinas se convirtió en una norma social. . . los trabajadores aprendían a ser robots. . ." También remarca de forma precisa, "El Santo Grial que se buscaba era la mejor forma de hacer que la gente produjera más a poco coste. Por supuesto, el mejor modo fue a través del miedo, pero no se podría considerar lo suficientemente ético, a no ser que estuviera escondido con algún tipo de racionalización. Se ha conseguido la racionalización convenciendo a la gente de la primordial importancia de que la "línea baja" de la hoja de trabajo es axiomática. La situación se ha visto atacada por teóricos críticos que han subrayado el uso selectivo de la razón para afirmar ciertos intereses que van contra la justicia social." Ver C. Baldwin, Psychiatric Bulletin, 1996, 530–31.

Visto de este modo, el trabajo se debe mantener dentro de sus límites y nunca permitir que interfiera con las obligaciones de los actos de adoración, la búsqueda de conocimiento religioso, el cuidado de los lazos familiares, las obligaciones sociales, y el disfrute de actividades recreativas dentro de los límites legales. Aquellos incapaces de ganar un salario son responsabilidad directa de sus familiares más cercanos, y es extremadamente deshonroso permitir que les cuiden en una institución.

Es una obligación del musulmán ser útil a su comunidad, no solo con su contribución formal a la economía o con los beneficios de su trabajo en sí, sino en todos las formas demostradas en la sunna, por ejemplo, aprendiendo y enseñando a otros lo que ha aprendido, ofreciendo consejo y soporte emocional a aquellos que lo necesiten, y demás. Estos aspectos de las responsabilidades de los musulmanes se están descuidando con el incremento de la urbanización y el aislamiento; la única actividad en la actualidad que lleva la honorable etiqueta de "beneficioso" es el trabajo.

Cualquier tarea que se tenga que hacer se debe llevar a cabo con eficiencia y precisión. "Dios ha decretado que todo lo que se haga debe hacerse con excelencia"[1], dice el *ḥadīṯ*. Por consiguiente, un musulmán está obligado a mantener sus actividades bajo constante escrutinio y nunca permitirse el estar por debajo del estándar requerido o caer en el descuido. La medida en que falla en obedecer esta regla es el grado en el que su fe y conocimiento de los requisitos de su religión fallan. Un musulmán se esfuerza por la excelencia en cada acto con la conciencia de que Dios le está viendo, no su capataz. La extensión en la que las sociedades islámicas han fallado en funcionar de forma eficaz es el resultado del debilitamiento de su fe y esto actualmente se encuentra presente en todas partes.

Está fuera de toda disputa que la tecnología moderna, las líneas de producción y la burocracia deshumanizan a la gente. No se puede

1 Kitāb as-Sayd, 57.

hacer nada sobre esto por el momento, excepto intentar compensar estos efectos ofreciendo actividades religiosas y culturales durante el tiempo libre de los trabajadores.

En cuanto a las mujeres, el Islam les permite salir a trabajar en caso de necesidad, en otras palabras, tiene que haber una justificación lo suficientemente válida para que una mujer deje su territorio, que es el hogar, y se aventure en la selva. Antes, la educación de una mujer consistía en el conocimiento y la disciplina necesaria para sus funciones específicas y para su vida por venir. Esto último le daba una dimensión de profundidad como musulmana y una visión de futuro. En las comunidades urbanas de hoy en día la mayoría de las mujeres reciben una educación técnica que eleva sus expectaciones y no les permite estar en paz si se quedan en casa. Al mismo tiempo, la educación religiosa se descuida totalmente incluso en individuos "refinados". Esta situación hace que sea psicológicamente necesario para ellas salir fuera a trabajar, y tenemos que aceptar y adaptarnos a esta necesidad, con la cautela, sin embargo, de que esto no infrinja en sus resposabilidades primarias, que conciernen a la familia. El Islam siempre enfatiza la importancia de soluciones prácticas y profesar, como los fanáticos, que niegan a la mujer el derecho a trabajar, dejándolas crónicamente insatisfechas, no tiene sentido.

6. Psicoterapia Islámica

Producir cambios en el ambiente por medio de la comunicación verbal y escrita es una actividad constante que lleva a cabo el ser humano. Más específicamente, producir cambios psicológicos en otra persona es el objetivo de la comunicación humana. Este objetivo puede ser explícito o implícito, y los cambios a los que se aspiran pueden ser tan superficiales y a corto plazo, como consolar a un niño estresado o provocar risa contando un chiste, o pueden ser durareros y persuasivos; como entrenar a un soldado a matar o a un doctor a curar. Cambiar a un joven con respuestas y actitudes emocionales normales y convertirle en una persona disciplinada, ciegamente obediente, lista para mutilar o matar a otro sin vacilación, es de hecho, producir un profundo cambio psicológico en el individuo. Los doctores, empleados de banco y policías, tienen que tratar con el público en general; sin embargo, el proceso de entrenamiento de cada grupo tiene el objetivo de un conjunto de actitudes y respuestas diferentes. Estos cambios son efectuados por medio de combinaciones de maniobras cognitivas y de comportamiento que la humanidad ha conocido y practicado durante miles de años. Fuera de esta vasta gama de actividades, la psicoterapia, o el tratamiento de la disfunción psicológica, ocupa un dominio extremadamente reducido.

En las sociedades islámicas, el área que corresponde con la actual defición de psicoterapia, era una parte integral de una sección más extensa que implicaba a la mayoría de los hombres sabios e instruidos de la comunidad y que tenía el objetivo de reducir la distancia entre la gente y la norma definida anteriormente, es decir, el modelo basado en la Sunna. El alejamiento y la desviación de este modelo, se consideraba era lo que propiamente constituía la anormalidad y requería corrección. Claramente, tal anormalidad era de diferentes modos y grados, y solo en el exterior de los bordes de esta gama encontramos lo que hoy en día se considera patológico. La locura, es decir, la esquizofrenia, transtornos maníaco-depresivos y psicosis orgánicas pertenecen a un dominio totalmente diferente; se consideran enfermedades que requieren atención médica, y la Šarīʿa considera que aquellos que las sufren no tienen obligaciones religiosas, ya que la cordura es un prerrequisito clave para esta obligación.

En sociedades tradicionales la prevención siempre se ha considerado mucho más importante que la cura. Un buen ejemplo es el de china, donde la aparición de la enfermedad era considerado como un fallo del médico en llevar a cabo la prevención adecuada. ¡En vez de recibir dinero de sus clientes, lo cual hacía mientras estaban sanos, una vez que caían enfermos, él tenía que pagarles! En términos psicosociales, la prevención se resume en inculcar el conjunto de actitudes que mantengan a la gente inmune de sufrir un ataque de nervios en caso de excesivo estrés y de que puedan llevar a cabo sus funciones sociales de una forma saludable. En términos islámicos esto significa ayudarles a asimilar y a poner en práctica los conceptos descritos en este libro. La gente siempre ha recurrido en tiempos de crisis a los más instruidos de la comunidad para que les aconsejasen, ya que esto era lo normal y lo hacían mucho antes de que el estrés se acumulara hasta afectarles negativamente. Cuando la crisis escalaba, se requería que los mismos hombres interviniesen y pusieran paz entre las familias y conyuges. Daban asesoramiento en todo tipo de asuntos incluyendo problemas sexuales, tenían sesiones familiares similares a lo que hoy en día llamaríamos terapia familiar, sabían sobre la aflicción y sobre el manejo del duelo y sobre la prescripción de hierbas medicinales. La mayoría de ellos no recibían dinero por sus servicios porque trabajaban para mejorar lo que veían, era parte de su deber religioso hacia la comunidad. Estos sabios cada día son menos frecuentes, especialmente en las zonas urbanizadas, y sus tareas se han transferido, al estilo occidental, a los profesionales.

Estos profesionales comparten con sus predecesores las cosas que se sabe que son comunes para todas las psicoterapias[1], pero se diferencian de ellos en que han adquirido en el transcurso de su educación occidental una visión fragmentada del hombre y el universo y en que han perdido de vista el tipo de conocimiento islámico que debería haber sido suyo por derecho de nacimiento.

Los profesionales musulmanes deben primero de todo familiarizarse y ganar un dominio razonable de las ciencias islámicas que tienen

1 Jerome Frank en 1973 dijo que existen características no específicas comunes para las psicoterapias, y estas son responsables de la mayoría de los resultados positivos, este punto de vista se ha aceptado de forma general como válido. Estas características comunes incluyen: un local designado como lugar de cura, una relación cercana con una persona o grupo, un razonamiento o mito que explique el problema y el tratamiento, por ejemplo, sugerir al "paciente" de que el terapeuta es un profesional, métodos no específicos que estimulen la autoestima, y ofrecer experiencias positivas de éxitos . Otros han aportado características no específicas, que se pensaban afectaban el resultado; que el paciente sea joven, inteligente, articulado y con éxito. Carl Rogers incluyó los factores del terapeuta: la habilidad de tener una incondicional consideracion positiva por el cliente, empatizar con él, y ser sincero. Irvin Yalom denominó los factores no específicos en la terapia de grupo, factores no relacionados con la denominación del terapeuta: aprendizaje interpersonal, la oportunidad de catarsis, cohesión de grupo, comprender los problemas propios, desarrollar técnicas personales de socialización, tener esperanza, universalidad, es decir, reconocer que otros sufren de predicamentos similares o peores, altruismo, es decir, la oportunidad de aumentar el autoestima siendo capaz de ayudar a otros, recibir guía y demás. Esto se resume en aquellos en dificultad que encuentran personas con suficiente estabilidad, sabiduría, afecto, preocupación y tiempo para ayudarles tienen una oportunidad de superar sus dificultades. Para más detalles ver C. R. Rogers, *Client Centered Therapy*, Houghton-Miflin, Boston, 1951; C. R. Rogers, "The Necessay and Suffient Conditions of Therapeutic Personality Change", Journal of Consultative Psychology, 21 (1957), 459–461; y Irvin Yalom, *The Theory and Practice of Group Psychotherapy*, Basic Books, New York, 1975 (2nd ed.).

una relevancia directa en su trabajo. Deben asimilar verdaderamente las enseñanzas islámicas sobre la estructura del universo, del hombre, del Mundo Intermedio, de las fuerzas que influencian el comportamiento humano, del aspecto ético, del modelo normal con el cual medir a los seres humanos, y de la evidencia textual que se ofrece en el transcurso de una restructuración cognitiva. También deben familiarizarse con las ideas generalizadas de transtorno psicológico causadas por los ŷīn, la magia o el mal de ojo (*ḥasad*). Todas son por supuesto posibilidades reales, pero la tendecia es atribuirles cada altercado en vez de atribuirselo al estrés psíquico e interpersonal y al desequilibrio. Existen numerosas formulas de *ḏikr* (invocaciones) que tienen un efecto profundo e impactante a la hora de corregir ideas equivocadas y se deben conocer y usar sin reservas.

¿Podemos decir que existe un tipo específicamente islámico de psicoterapia? La respuesta es sí y no. Sí, si consideramos que cualquier tipo de intervención basada en principios islámicos y que usa modelos del Islam y su criterio, debe considerarse islámica. No, asumiendo que habrá, por necesidad, muchas ideas y técnicas que tendrán que tomarse prestadas de Occidente. En la actualidad, los profesionales probablemente estudien las técnicas de las terapias de libros de texto occidentales y no de fuentes islámicas tradicionales. Esto es similar a la situación del mundo islámico en los comienzos del califato abasí en el que los musulmanes tradujeron trabajos de filosofía, medicina, astronomía, geografía y demás, del griego al árabe, los evaluaron según el conocimiento revelado en el Corán y el *ḥadīṯ*, asimilaron lo que encontraron compatible y descartaron lo que no lo era.

La psicoterapia islámica incluirá por lo tanto, varias formas de medidas de asesoramiento y apoyo, y también técnicas cognitivas y de comportamiento. Teorías como la de Freud, que contradicen completamente la perspectiva islámica, se rechazan en su totalidad. Otras teorías, como las que hablan de "pensamientos disfuncionales" o "suposiciones básicas" y cómo alterarlos pueden fácilmente adaptarse para ser usardos en un contexto islámico. Casi todas las maniobras de comportamiento se aceptan, siendo la excepción cuando la técnica conlleva algo legalmente prohibido, por ejemplo, el uso de cónyuges sustitutos. No existe prohibición del uso de drogas psicotrópicas de la manera que se utilizan acualmente.

Los psicoterapeutas musulmanes tienen mucho que hacer para evaluar, aceptar o rechazar, y adaptar a sus necesidades las muchas ideas en circulación en el Occidente. Esto se tiene que hacer de forma meticulosa y exhaustiva, y más importante aún, solo después de haber llevado a cabo la preparación necesaria estudiando la perpectiva islámica. Esta perspectiva tendría que enseñarse en universidades y mostrar presentaciones detalladas de cada idea adaptada; en otras palabras, tendrían que escribirse manuales claros para el uso diario de los profesionales en el campo.

7. Guerra

Según la sagrada ley islámica, la guerra se considera un mal al que se recurre solo cuando es absolutamente necesario y en la forma más limitada posible, tiene que ser en las relaciones humanas la horrible excepción más que la regla. La única cosa que el Corán sanciona, aunque sea odioso, es pelear: *Se os ha prescrito combatir, aunque os sea odioso* (2:216). El Profeta ﷺ prohibió a sus hombres mostrar entusiasmo en anticipación por la batalla, diciendo, "Oh gente, no deseéis encontrar al enemigo, mejor pedir a Dios seguridad. Si debeis encontrarlos, manteneros firmes y sabed que el Jardín se encuentra bajo la sombra de las espadas".

Siempre que se menciona la lucha en relación con el Islam, surge inevitablemente la palabra *Ŷihad*. Existe una confusión extendida en lo referente al significado de esta palabra, ya que en realidad involucra mucho más que simplemente combatir. Hay tres términos que se deben entender en este contexto: *Ŷihad*, que significa lucha o esfuerzo, *Qitāl*, que significa guerra o combate, e *Irhāb*, que significa terrorismo. Los dos primeros significados se usan frecuentemente en el Corán, mientras que el tercero ha sido acuñado recientemente para describir actos violentos contra civiles. La confusión surge al usar el término Ŷihad para indicar los tres significados. Esto se hace frecuentemente de mala fe, a veces también por ignorancia, sobre todo por parte de ciertos orientalistas y los medios de comunicación en el Occidente, pero también lo usan de este modo grupos extremistas islámicos. Los primeros están acostumbrados a mirar a otras culturas y civilizaciones a través de los prismáticos occidentales y parece que son incapaces de entender el desarrollo y la evolución de "otros" excepto en sus propios términos. Un ejemplo es su incapacidad de entender el Califato, que es un estado civil gobernado por la ley islámica, y que solo entienden en términos de una teocracia católica y un papado infalible, y en base a la larga historia de opresión de las clases más pobres en Europa que eventualmente llevó a las revoluciones. Por lo tanto, han llegado a concebir los derechos civiles y las libertades, como posibles solo en ausencia de la religión y la ley sagrada, y la relación entre un creyente y su Señor como algo estrictamente individual y separado de los empeños sociales, políticos y científicos. En contraste, la sagrada ley islámica garantiza a todos, los derechos de ciudadanía, cualquiera que sea su fe, no dejando espacio para el desarrollo del antisemitismo o la inquisición. La opresión de las clases más pobres surgió de forma tardía en la historia del Islam, cuando los gobernantes se desviaron de los principios del Islam extendiendo la opresión y la corrupción.

¿Qué es entonces el *Ŷihād*? Definido por el acreditado diccionario árabe, *Lisān al-ʿArab,* el *Ŷihād*, es esforzarse en hacer algo al máximo y dentro de los límites de las habilidades de cada uno en acción y en palabra. Es por lo tanto algo que no se limita a la acción, mucho menos a la violenta. En términos del Corán el *Ŷihād* es esforzarse al máximo en llamarse a sí mismo y a los demás a Dios y defender la libertad de hacer esto. Llamarse uno mismo a Dios significa imponerse la obediencia a Su ley sagrada y esforzarse por conseguir sinceridad de corazón a través de la batalla contra los males del ego. Llamar a otros significa transmitir el mensaje de forma clara y cortés, ordenando lo bueno y prohibiendo lo malo. Se considera que el campo de batalla del *Ŷihād* en el Islam por lo tanto, se considera que incluye principalmente el mundo de las ideas y creencias. Según el Corán y la Sunna del Profeta ﷺ, la *daʿwa* islámica debe llevarse a cabo de forma inteligente, cortés y atractiva: *Llama al camino de tu Señor por medio de la sabiduria, la buena exhortación y convenciéndoles de la mejor manera* (16:125).

El Islam niega la filosofía de lucha, el concepto de la supervivencia del más apto, tal como lo promueve el comunismo y la teoría de la evolución, ya que esto lleva a que domine el fuerte, aniquilando al débil, o imponiéndole sus ideas, cultura y valores y acabando con ello con la diversidad, que es un atributo esencial en la creación de Dios. El Islam también rechaza todas las filosofías que consideran el luchar y el matar como algo natural en los seres humanos, instintos innatos en los hombres. Por el contrario, el Islam considera que la raza humana la constituyen seres potencialmente espirituales que están destinados a la inmortalidad en la otra vida. Los más aptos en términos islámicos son los profetas y los santos que lejos de desear exterminar al débil o vivir a su costa, solo desean iluminarles el camino.

Se ordena a los musulmanes empezar siempre por llamarse a ellos mismos a Dios antes de llamar a otros. Llamarse a Dios significa temerle, protegerse de Su ira evitando todo lo que Él prohíbe, y recordándole constantemente, de forma humilde y sincera, mientras se esfuerza por purificar el corazón. Aquel que desea llamar a otros a Dios debe primero disciplinarse adecuadamente, si no, podría caer presa de los trucos de un ego incontrolado y terminar haciendo más mal que bien. Este es el *Ŷihād* Mayor que desafortunadamente es constantemente ignorado por los extremistas que parece que solo pueden percibir la maldad en otros, nunca en ellos mismos.

Servir gentilmente a los padres, mostrar compasión y generosidad a la familia, a los parientes, a los vecinos, a la comunidad islámica en toda su extensión, y luego al resto de la humanidad es *Ŷihād*. También lo es, esforzarse por traer prosperidad a la tierra, gestionar los recursos del planeta de forma responsable, tratar con cuidado y compasión a los seres humanos, a los animales, las plantas y a la materia inanimada, cumpliendo por consiguiente, con la función de representante de Dios en la tierra. Si los musulmanes de estos tiempos fueran sinceros, serían los primeros en combatir la contaminación del planeta con vigor.

Llamar a otros a Dios esforzándose al máximo en adquirir y extender conocimiento, exhortarles a creer en Dios y a que lleven una vida moralmente correcta, y aconsejarles contra la incredulidad y el comportamiento corrupto, es también *Ŷihād*.

El *Ŷihad* es por consiguiente, esforzarse al máximo y dentro de los límites de la capacidad en diferentes dominios, uno de estos dominios es el combate. Esto es por lo que el *Ŷihad* es una obligación imperativa para todos los musulmanes, hombres y mujeres, ya que a cada uno se le pide esforzarse en lo mejor de sus habilidades para mejorar el estado religioso, físico, social, político y ambiental propio y de su comunidad. En cuanto se refiere al combate, que es solo una forma especial de *Ŷihad*, se encuentra sujeto a condiciones que se deben cumplir y se limita a situaciones específicas.

Limitar el significado de *Ŷihad* a la guerra es un error; otro error es confundir entre *Ŷihad* y una guerra de coacción religiosa. Al *Ŷihad* se le llama de forma frecuente "guerra sagrada", lo que insinúa que es una guerra de religión dirigida de forma específica a los seguidores de otras religiones para imponerles el Islam. Dicha guerra sagrada se piensa que es una donde todo aquel que no es musulmán es un enemigo. *Ŷihad*, sin embargo, no es una guerra sagrada religiosa, ya que Islam rechaza la coacción religiosa en todas sus versiones y enseña que la fe es un secreto en el corazón, entre el creyente y su Creador, basado en el entendimiento y la convinción. Nunca puede ser el resultado de la coacción, mucho menos coacción de una forma violenta. Esto es por lo que el Corán afirma de forma inequívoca que *no hay coacción en la religión* (2:256). Este verso se tiene que entender de dos formas; como la prohibición de imponer la religión por coacción y como rechazo de la posibilidad de conseguir adherencia verdadera a la religión a través de la coacción, ya que el miedo solo puede producir pretensión falsa, nunca fe verdadera. Por esto existen numerosos versos en el Corán que dicen a los adversarios, *Para vosotros vuestra religión y para mí la mía* (109:6). *Así pues, el que quiera creer, que crea y el que quiera negarse a creer, que no crea* (18:29). Mientras que otros versos definen los límites de la responsabilidad del Mensajero: *Al Mensajero sólo le incumbe hacer llegar el mensaje* (5:99). *Así pues, llama al recuerdo, pues sólo eres alguien que despierta el recuerdo. No tienes potestad sobre ellos* (88:21–22). Que los musulmanes entendieron esto claramente se prueba con el dato histórico de que no hay documento alguno en el que los cristianos, judíos, zoroastras o hindúes hayan sido forzados a hacerse musulmanes. Nunca hubo algo como la inquisición en el Islam.

El Islam insiste en la importancia de preservar la libertad de la tierra natal, su independencia, y el derecho, o más bien la obligación de cada ciudadano a llevar una vida libre en su tierra natal. A esto se le considera más importante que la vida misma y se afirmó de forma clara en un tiempo donde el concepto del nacionalismo no había aún aparecido.

Existen cinco cosas que la sagrada ley islámica declara que están diseñadas para que se protejan de forma explícita; la religión, la vida, la propiedad, el honor y la familia. El combate se autoriza legalmente solo para proteger estas cinco cosas sagradas.

Al principio, los primeros musulmanes entorno al Profeta ﷺ fueron perseguidos por su fe, expulsados de su ciudad natal, Meca, y forzados a emigrar, primero a Abisinia y luego a Medina. Dios, después de años en los que se les ordenó paciencia, finalmente les permitió contraatacar. La justificación para el permiso se declara que es porque se les estaba tratando injustamente, que significa que eran perseguidos y expulsados de sus casas:

> *A quienes luchen por haber sido víctimas de alguna injusticia, les está permitido luchar y verdaderamente Dios tiene poder para ayudarles. Los que fueron expulsados de sus casas sin derecho, solo porque habían dicho: Nuestro Señor es Dios. Si Dios no se hubiera servido de unos hombres para combatir a otros, habrían sido destruidas ermitas, sinagogas, oratorios y mezquitas, donde se menciona en abundancia el nombre de Dios* (22:39–40).

Una vez que se establecía un estado islámico y el enemigo luchaba para obstruir la transmisión del mensaje y destruir la nueva religión en su cuna, el permiso se hizo una obligación:

> *Y combatid en el camino de Dios a quienes os combatan a vosotros pero no os propaséis, es cierto que Dios no ama a los que se exceden. Matadlos donde quiera que los encontréis y expulsadlos de donde os hayan expulsado. La oposición es más grave que matar. No luchéis con ellos junto a la "Mezquita Inviolable" si ellos no lo hacen, pero si os atacan, matadlos, ésta es la recompensa de los incrédulos. Y si cesan. Dios es Perdonador y Compasivo. Luchad contra ellos hasta que no haya más oposición y la adoración debida sea sólo para Dios. Pero si cesan, que no haya entonces hostilidad excepto contra los injustos. Mes inviolable por mes inviolable. Para todo lo inviolable deberá aplicarse el talión. Y quien se exceda con vosotros, obrad con él en la misma medida. Guardaos de Dios y sabed que Dios está con los que Le temen* (2:190–94).

Como se ve en este pasaje, las instrucciones no son atacar primero, sino solo cuando se ha sido atacado, pelear vigorosamente pero respetando la prohibición de luchar en el Santuario, a menos que la prohibición se rompa por parte del enemigo, y cesar las hostilidades inmediatamente después de que el enemigo se entregue, en cuyo momento Dios ordena el perdón y la compasión. El objetivo es luchar hasta que se ponga fin a la persecución o hasta que todo el mundo sea libre de creer en Dios si es lo que desean.

Cuando empieza el combate, la sagrada ley del Islam impone una serie de estrictas reglas morales. El Profeta ﷺ se las enseñó a sus compañeros según dictaban las circunstancias. En una de estas ocasiones, cuando estaba batallando, encontró una mujer a la que se había matado. Dijo: "¡Esta mujer no debería haber luchado!" Seguidamente ordenó a uno de sus compañeros que alcanzase al líder del ejército y que le dijese que ordenase a sus hombres que no mataran a mujeres, niños, y sirvientes. Anas ibn Mālik relató que el Profeta ﷺ, solía decir, "Ve en el nombre de Dios, por Dios, según la religión del Mensajero de Dios. No mates a un anciano frágil, a un niño, a un bebe o a una mujer. No tomes nada del botín por tu cuenta, sé virtuoso y actúa con excelencia, ya que Dios ama aquellos que actúan con excelencia". Otros compañeros relataron que cuando enviaba una expedición ordenaba al líder el temor de Dios y que cuidara bien de sus hombres, luego les prohibía cualquier forma de traición, mutilación de cuerpos, matar a niños, o atacar a algunos de los ermitaños y monjes que solían vivir en el desierto a las afueras de las ciudades en los primeros siglos del cristianismo.

Estas instrucciones fueron recordadas por los compañeros y actuaban de acuerdo a ellas cuando era necesario. Las instrucciones relacionadas con la traición, por ejemplo, se usaron cuando Mu'āwiya durante su califato fue a exhibir su fuerza militar en las fronteras con los Bizantinos para atacarles inmediatamente después de que la tregua entre ellos acabase. El compañero ʿAmr ibn ʿAbsa consideró esto un tipo de traición y corrió hasta Muʿāwiya diciendo, "¡*Al-Lāhu Akbar*! ¡Al-Lāhu Akbar! ¡Lealtad, no traición! Luego le dijo, "Escuché al Mensajero de Dios ﷺ decir, "Aquel que haya hecho un pacto con otra gente no debe ni atar ni desatar un nudo hasta que el tiempo del pacto haya acabado o se les haya dado un claro aviso". En la opinión de este compañero, las instrucciones del Profeta ﷺ tenían que interpretarse como que se debía dar suficiente aviso al enemigo antes de reasumir la hostilidad. Muʿāwiya, quien era un compañero, aceptó esta interpretación.

Abū Bakr el primer sucesor del Profeta, recapitulando las instrucciones que dio el Profeta ﷺ en varias ocasiones; ordenó a los líderes de sus expediciones militares que considerasen a los sacerdotes que luchaban en las fuerzas enemigas como combatientes. Sin embargo, a los monjes y eremitas que era improbable que luchasen, se les debía dejar tranquilos. Seguidamente les prohibía matar mujeres, niños, ancianos o gente enferma, cortar árboles frutales, arruinar cualquier cosa que estuviera floreciendo, matar animales excepto para comida, quemar o inundar palmerales, destruir pozos, mutilar seres humanos o animales, y comportarse traicioneramente o con cobardía. Estas instrucciones tienen que implementarse de manera estricta incluso cuando el enemigo mata a mujeres y niños musulmanes y confisca sus tierras, casas y otras propiedades. No hay desacuerdo alguno entre los juristas en cuanto a lo mencionado anteriormente, sin embargo, existen diferencias de opiniones en cuanto a si es legal atacar al personal enemigo cuando está de descanso, sin armas o sin preparar.

La decisión de estar en guerra la debe tomar la autoridad pertinente, por razones legalmente aceptables, y en conformidad con la ley sagrada del Islam. Las instrucciones se encuentran hasta hoy en día en los manuales de ley islámica. Un estado islámico está en paz con aquellos que no se encuentran en guerra con los musulmanes, no han invadido su tierra, no les han echado de ella, o les han perseguido por su religión. Esto es lo que el Corán afirma claramente cuando dice:

> *Dios no os prohíbe que tratéis bien y con justicia a los que no os hayan combatido a causa de vuestra creencia ni os hayan hecho abandonar vuestros hogares. Es cierto que Dios ama a los equitativos. Dios sólo os prohíbe que toméis por amigos aliados a los que os hayan combatido a causa de vuestra creencia, os hayan hecho abandonar vuestros hogares o hayan colaborado en vuestra expulsión. Quien los tome como amigos. . .esos son los injustos* (60:8–9).

Dios ama la justicia, y ama la amabilidad y la compasión incluso más. Por lo tanto, el mínimo nivel aceptable es tratar a los que no son musulmanes con justicia, en tiempos de paz y de guerra.

En cuanto al *Irhāb*, terrorismo, es el uso de violencia para asustar a otros y forzarles a aceptar lo que no desean. Los gobiernos lo practican frecuentemente contra sus súbditos, usando el terror para reprimir a sus ciudadanos, o lo usan contra los súbditos de otro país. También lo utilizan grupos extremistas, los comunistas en el pasado, y actualmente los islamistas, para forzar un cierto curso de acción en el gobierno elegido como blanco para que se someta a sus demandas.

La primera aparición del concepto de terror tuvo lugar en Europa durante la revolución francesa, cuando los revolucionarios llevaron a cabo las ejecuciones en masa que causaron que su tiempo se llamase el Reino del Terror. Pogroms, como se llevó a cabo en Europa, el obligar a la gente a salir de sus casas y convertirles en refugiados, matando a unos para aterrorizar a los otros hasta el pundo de hacerles abandonar sus tierras, así como la guerra de terror de larga duración que Israel ejecuta contra la población civil palestina, es terrorismo en su peor forma. El Islam no sólo rechaza el terrorismo en todas sus formas, sino que enseña que ninguna de las religiones reveladas ha aprobado jamás el terror, la violencia, o la coacción como medio para extender sus enseñanzas o para imponer sus leyes sagradas. El Corán dice que cuando Dios envió a Moisés a Faraón, le dijo, "*Y habladle de manera suave, tal vez recapacite y se guarde* (20:44). En cuanto al cristianismo, se basa en poner la otra mejilla y en el rechazo total de la violencia, un modelo traicionado consistentemente por la violencia de los cristianos durante siglos.

En árabe se usa la palabra *Irhāb* para indicar terrorismo, pero esta palabra tiene connotaciones diferentes de aquellas que tiene en inglés. La raíz r-h-b, significa miedo y sus derivados, se usan principalmente en el Corán en el contexto de miedo y temor reverencial de Dios. Un *Rāhib* es un monje o un ermitaño, alguien tan lleno del temor de Dios que no solo le impide pecar, sino también de darse gusto con placeres mundanos, de modo que se aparta del mundo y dedica su vida a Su adoración. Aquí existe un vínculo entre el miedo y la disuasión. Este vínculo es claro en el uso coránico de la palabra para indicar terror en sūra al-Anfāl por ejemplo, en un pasaje que contiene instrucciones explícitas para el gestionamiento de hostilidades y necesita ser entendido según el contexto, que era que Medina estaba en estado de guerra real, algunos de los enemigos estaban rompiendo sus tratados, mientras otros estaban esperando la oportunidad para abalanzarse contra los musulmanes. Existía por consiguiente una necesidad constante de disuasión. Esto es por lo que los versos exhortan a los musulmanes a acopiarse de fuerzas suficientes para infundir el miedo en los corazones de sus enemigos y deternerlos de llevar a cabo su intencionada agresión.

> *Esos con los que pactas y luego, a la menor ocasión, rompen el pacto y no sienten temor de Dios. Si das con ellos en situación de guerra, haz que sirvan de escarmiento a los que vengan detrás, quizás así recapaciten. Y si temes traición*

> *por parte de alguna gente, rompe con ellos en igualdad de condiciones; pues es cierto que Dios no ama a los traidores. Y no pienses que los que se niegan a creer han tomado ninguna ventaja porque no podrán escapar. Preparad contra ellos todas las fuerzas y guarniciones de caballos que podáis; así atemorizaréis a los enemigos de Dios, que son también los vuestros, aparte de otros que no conocéis pero que Dios sí conoce. Lo que gastéis en el camino de Dios se os pagará con creces y no sufriréis ninguna injusticia. Pero si se inclinan por la paz, inclínate tú también y confíate a Dios. Él es Quien oye y Quien sabe* (8:56–61).

Estos versos afirman contundentemente que si se desalienta al enemigo y pide paz, los musulmanes deben aceptarla inmediatamente, poniendo su confianza en que Dios les protegerá de futuras traiciones. Se prohíbe extrictamente a los musulmanes que traicionen, ya que Dios no ama a los traidores.

Salvo aquellos con nombres musulmanes que han cometido atrocidades en el nombre de ideologías ajenas al Islam como el comunismo o el baazismo, el registro de muertes de guerra del Islam está limpio. Nunca se ha acusado a los musulmanes de cometer genocidios, nunca han perpretado los tipos de masacre llevadas a cabo por ejemplo, por las cruzadas que masacraron a setentamil personas conquistando Jerusalen, hasta el punto de que sus caballos caminaban por sangre que llegaba hasta sus rodillas, o por los españoles en España y en América Central y del Sur donde saquearon en el nombre de la religión, o por los italianos cuando masacraron, mataron de hambre y gasearon a los libios en el nombre de la civilización, o por los franceses que incluso mientras glorificaban a sus propios luchadores de la resistencia, masacraron sin piedad a luchadores de la resistencia de Marruecos y Argelia, lo cual resultó eventualmente en la pérdida de un millón de vidas de argelinos que murieron luchando por la libertad. La lista podría seguir. Esto tiene que constrastarse con el comportamiento caballeresco de los líderes del *Ŷihad* en Argelia, Libia, Chechenia y en todas las tierras musulmanas que estuvieron alguna vez bajo el gobierno opresivo del imperialismo. Estos líderes eran eminentemente hombres devotos y educados y su comportamiento caballeroso sigue siendo un modelo que al supuesto *muŷahidin* de hoy en día le vendría muy bien estudiar. Nunca pagaron con la misma moneda las atrocidades de sus enemigos, sino que escrupulosamente preservaron el honor de su religión y de su causa.

Un claro ejemplo son los musulmanes de Bosnia durante la reciente guerra. Los musulmanes bosnios fueron masacrados, enterrados en fosas comunes, torturados, muertos de hambre en campos de concentración, y sus mujeres violadas. Los musulmanes nunca tomaron represalias de este tipo. Ninguno de los criminales de guerra en juicio son musulmanes. Los bosnios, que son una comunidad tradicional Sunni Hanafi, sabían que comportarse como animales significaba renunciar al honor de pertenecer a la comunidad de Muḥammad ﷺ.

La decisión de estar en guerra y la responsabilidad de asegurarse de que es justificable descansa en el gobierno de una nación islámica. No se permite que pequeños grupos tomen la ley en sus manos y mantengan su propia guerra privada. Se afirma de forma explícita que obedecer al gobernante incluso cuando es débil y corrupto, es preferible a causar sedición y agitación civil. Abandonar la obediencia de las instrucciones del gobierno resulta en no menos que colocarse fuera del Islam, incluso cuando el gobierno en cuestión no se está comportando según la ley islámica, ya que el Islam busca evitar el caos y el sufrimiento a toda costa y siempre prefiere el menor de dos males. Es extraño al pensamiento ortodoxo islámico, el razonamiento de que ya que la mayoría de la gente es testigo de la ineptitud de sus gobiernos y a veces de su conducta anti-islámica y no hacen nada contra ello lo cual les hace tan culpables como ellos. Es injustificable para los musulmanes, algunos de ellos jóvenes y bajo la influencia de las emociones, rechazar las opiniones de nuestros destacados eruditos y adoptar una forma de pensar peligrosamente contraria a siglos de profundo estudio. Al hacer esto se convierten en grupos renegados (*Jawāriŷ*). Esto es patente cuando uno se da cuenta de que siempre terminan atacando a hombres, mujeres y niños musulmanes, la misma gente que dicen estar defendiendo. Existe una clara diferencia entre operaciones de comando y terrorismo. Lo primero es una operación militar, llevada a cabo contra un objetivo militar, digna de elogio siempre y cuando la causa sea justa. Lo segundo no es una operación militar, su objetivo puede ser matar civiles de forma indiscriminada y la ley islámica nunca lo aprueba. Las guerras se hacen según los acuerdos y tratados de los tiempos. En nuestro tiempo, uno de ellos es la Convención de Ginebra. La fe islámica obliga a los musulmanes a observar estos compromisos de forma escrupulosa. Finalmente, vamos a reiterar que los musulmanes, a pesar de lo caóticos que se han tornado, son el último baluarte de los principios revelados. Nunca debemos olvidarlo, ni permitir que nos engañe la brutalidad de nuestros enemigos a tomar represalias de ese tipo y renunciar a nuestra ley. Aquellos que no saben nada sobre las reglas de guerra deben dedicar tiempo aprendiéndolas antes de pronunciarse sobre este o aquel asunto. El Profeta ﷺ, ha descrito nuestros tiempos y la maldad en ellos de forma muy clara. Como se ha mostrado anteriormente, ha dado instrucciones explícitas de cómo hacer frente a estas situaciones y sus problemas. Uno no puede pretender ser musulmán y no cumplir con la obligación de adquirir este tipo de conocimiento, que es su único amparo contra las decepciones y tentaciones de los tiempos.

REFERENCIAS DEL CAPÍTULO:

Bujarī, *Ṣaḥīḥ*, *Kitāb al-Ŷihad wal siyar*, Bāb 112, 156:2966, 3025, 3026; Muslim, *Ṣaḥīḥ*, *Kitāb al-Ŷihad*, 1742; Abū Dāwūd, *Kitāb al-Ŷihad*, 2613, 2614, 2631; *Lisān al-ʿArab*, 3:135; Abū Dāwūd, *Kitāb al-Ŷihad*, 2669; Ibn Ḥibbān, *Ṣaḥīḥ*, 4789, 4791; al-Ḥakim, *Mustadrak*, 2565; Abū Dāwūd, *Kitāb al-Ŷihad*, 2614; Muslim, *Ṣaḥīḥ*, *Kitāb al-Ŷihad*, 1731; Tirmidī, *Kitāb as-Siyar*, Bab 48:1617; Abū Dāwūd, *Kitāb al-Ŷihad*, 2613; Ibn Maŷa, 1617; Aḥmad, *Musnad*, 23080; Bayhaqī, as-*sunan al-Kubra*, 9/89, 90;

Abū Dāwūd, *Kitāb al-Ŷihad*, 2759; Bayhaqī, *al-Sunan al-Kubra*, 9/231; Bayhaqī, *al-Sunan al-Kubra*, 9/89, 90; Imām Mālik, *Muwaṭṭa'*, 965; 'Abd al-Razzāq, *Musannaf*, 9375, 9376.

Conclusión

El enfoque que se ha adoptado en este libro ha sido el de considerar cada tema estudiando sus parámetros físicos, psicológicos, sociales y espirituales. Por consiguiente, un suceso psicológico, una emoción o una cognición por ejemplo, sin considerar si conlleva o no un comportamiento observable, podría entenderse como desencadenado o influenciado por uno o más factores de estos parámetros. En el plano físico podríamos considerar factores del pasado tales como la herencia, los patrones aprendidos de comportamiento simple, y los factores inmediatos como la contribución del aparato sensorial, la activación de apetitos físicos, y el estado de salud de la persona en cuestión. En el plano psicológico podríamos de nuevo pensar en la herencia, las memorias del pasado, la estructura cognitiva, las sugerencias de los mundos superiores o inferiores, y las tendencias morales e inmorales. Seguidamente se encuentran las transacciones sociales que hay que considerar, y finalmente el parámetro espiritual correcto, que es el grado de influencia del espíritu en los otros elementos y la conformidad de estos con la Revelación. Vamos a resaltar de nuevo el hecho de que la palabra "espiritual" se debe utilizar exclusivamente para cosas que transcienden los niveles cognitivos y emocionales, ya que estos pertenecen al dominio psicológico. El uso de la palabra "espiritual" para todo lo religioso, sin tener en cuenta su nivel particular, es abusivo, a pesar del hecho de que este significado es muy común en la actualidad. Puede que ayude a clarificar este punto el considerar la antigua enseñanza de que el hombre y el universo son imágenes que se reflejan como si fueran espejos el uno del otro. El imām ʿAlī, que Dios esté complacido con él, expresó esto en un verso:

> Puede que pienses que eres un pequeño cuerpo
> sin embargo, dentro de ti se encuentra el gran universo.

Es fácil ver que el cuerpo del hombre corresponde al mundo material, su alma o psique al reino intermedio, y su corazón en su aspecto superior, su espíritu en otras palabras, a los mundos superiores, o al mundo espiritual de luces, que transciende las formas. Hemos ya mencionado el dicho de, "El corazón del creyente es el Trono del Todo Misericordioso", y hemos citado la correspondencia entre el corazón interior y el exterior. Cada uno de estos cuatro parámetros se encuentra sujeto a tres tipos de tendencias, que son: el empuje superior de los mundos elevados, el empuje inferior de los mundos inferiores, y el efecto dispersante del mundo terrestre.

Otro principio importante que debemos tener en cuenta es que para que un tipo de conocimiento sea beneficioso y no se exponga a dar como resultado graves consecuencias, tiene que basarse en revelación. La información observable que reunimos del ambiente usando nuestros sentidos y sus extenciones artificiales debe organizarse dentro de una estructura basada en principios revelados, en otras palabras, debe ser controlado desde un nivel superior. En cuanto al método actual de recoger información y seguidamente intentar construir una teoría de abajo hacia arriba, puede llevarnos a información sin valor alguno. Cualquier resultado válido que se obtenga por este método es probable que se use incorrectamente debido a que su falta de principios basados en revelación permite la penetración de todo tipo de sugerencias. La sugerencia en su sentido superior es inspiración; en su sentido más bajo, es la insinuación del diablo. Los hombres de Dios profundizan en textos revelados y sacan conclusiones prácticas que difieren a las de los psicoanalistas precisamente porque los primeros consiguen su inspiración de un nivel superior y los segundos de los niveles inferiores. Todo en la creación tiene su imagen invertida, o caricatura. La similitud se encuentra en la forma y la oposición en el significado. Ambos, Jesús y el Impostor afirman ser Cristo y ambos tienen la habilidad de realizar actos sobrenaturales; la similitud exterior de estos actos engaña al ignorante y a aquellos con intereses particulares. La locura es la imagen invertida del éxtasis espiritual, y muchos psiquiatras son totalmente incapaces de diferenciar entre los dos. Los psicoanalistas afirman que la relación entre el niño y sus padres subsiste en el niño-adulto y de ahí la necesidad de extrapolarla y aplicarla a la relación entre él y Dios. Explican de este modo la necesidad que tiene la humanidad de la religión. Esta es la imagen invertida de la verdad, ya que la relación entre una persona y una figura de autoridad, no es más que la sombra o el reflejo de la relación entre esa persona y su Señor. Las figuras de autoridad son manifestaciones del Nombre Divino de al-Rabb, el Señor; "El soberano es la sombra de Dios en la tierra"[1], dice el *ḥadīṯ*. Hemos expuesto que todo lo creado es la manifestación de combinaciones de Nombres y Atributos Divinos. Debemos añadir que cuanto más puro se manifiesta el atributo, más fácil es percibirlo y más cercano se encuentra de la perfección en su nivel, y viceversa. El atributo de Señorío implica soberanía, provisión, protección, solicitud, reacción e instrucción en asuntos de este mundo y del otro. En principio, lo mismo se aplica en la relación entre reyes y súbditos, amos y sirvientes, superiores e inferiores, y demás. Sin embargo, la perfección no pertenece a las criaturas, excepto a las superiores de entre ellos, que son los profetas, y aún así es una perfección relativa, no absoluta. Por consiguiente, podemos ver, por ejemplo, soberanía sin diligencia, que entonces se denomina tirania, y lo mismo se podría aplicar a los otros atributos.

1 Al-Haytamī, *Maŷmaʿ al-Zawāʾid*, 2/215 y 4/134; Bayhaqī, *Šuʿab al-Imān*, 6/16 y 18.

Aunque estos conceptos son vitales para los musulmanes, e incluso para los que no son musulmanes, no es la labor de este libro desarrollarlos aquí en más profundidad. La intención no ha sido ofrecer una exposición completa de los temas que hemos expuesto, sino indicar lo más claramente posible y de forma breve dónde se ha equivocado la corriente moderna, por qué lo ha hecho, y cómo proceder para rectificar nuestra posición en cada tema, alineándolo con lo que sabemos sin duda alguna, es enteramente verdadero, es decir, con el conocimiento revelado. Este conocimiento de referencia es necesario para todo aquel que intente participar en resolver de forma conceptual y práctica nuestros problemas actuales y que se preocupa de no caer en el mismo tipo de desequilibrios que el Occidente. Ningún musulmán debe aceptar ideas modernas sin criticarlas, y ningún musulmán debe llevar a cabo una crítica basándose en otra cosa que no sea el conocimiento del Corán y la Sunna, ya que los principios que necesitamos hoy en día y que necesitaremos en el futuro se encuentran aquí. Ahí y en ningún otro sitio se encuentran los cimientos de nuestro pensamiento y las soluciones que podemos encontrar. Espero que escribiendo este libro, haya hecho, en pequeña medida, mi parte.

Algunas personas son más aptas para el pensamiento teórico, otras son más capaces a la hora de sacar conclusiones prácticas de dicho pensamiento. Ambos talentos son necesarios para desarrollar una formulación islámica de psicología, sociología, antropología, historia y otras ciencias, adecuada a los requisitos de estos tiempos. Este libro es una invitación para aquellos que tienen estos talentos, para que evalúen por sí mismos la validez de los conceptos que contiene y seguidamente los desarrollen en produndidad. Queda mucho por hacer, pero la tarea no afecta solo a profesionales. Tiene que verse en un contexto más amplio, reeducando a la comunidad, incluyendo a los profesionales, en su legado perdido y formulando cimientos firmes para cualquier esfuerzo científico. Es ahora esencial que cada uno sea consciente de estos principios, ya que es seguro que aumente la confusión de los tiempos, y a la velocidad a la que van los acontecimientos, nuestros hijos o quizás incluso nosotros mismos posiblemente nos veamos obligados a elegir entre el Mahdī y el Daŷŷāl. A este punto el no saber el criterio sobre el cual hacer esta elección dará lugar a nada menos que al fuego del Infierno[1].

1 El infierno es la lejanía del Todo-Misericordioso. Cuanto más larga es la distancia, más densos son los velos, menos misericordia penetra y más opacas se hacen las sombras. El fuego del Infierno es negro. El Paraíso, por otra parte, es la proximidad del Todo-Misericordioso. Está lleno de luz, todo allí es luminoso, los velos son transparentes, y las almas se encuentran inmersas en el océano de la misericordia. El Mahdī es una misericordia de Dios, un hombre de luz que guía a otros a las puertas del Paraíso, mientras que el Impostor (Daŷŷāl), el Anticristo, es un hombre de oscuridad, una tentación de Dios, que engaña a otros hasta las puertas del Infierno. De nuevo, el conocimiento revelado es luz, la ignorancia es oscuridad; consecuentemente, lo primero lleva la Paraíso y lo segundo, al Infierno.

Bibliografía

Abū Dāwūd, *Sunan*, Dār al-Kutub al-ʿIlmiyya, Beirut, 3 vols., 1996 CE.

Abū Nuʿaym al-Aṣfahānī, *Ḥilyat al-Awliyā*, Dār al-Kutub al-ʿIlmiyya, Beirut, 12 vols., 1997 CE.

Aḥmad ibn Ḥanbal, *Al-Musnad*, Dār al-Ḥadīṯ, Cairo, 20 vols., 1995 CE.

ʿAŷlūnī, Ismāʿīl ibn Muḥammad, *Kašf al-Jafā'*, al-Maktaba al-ʿAṣriyya, Beirut, 1420 AH/2000 CE.

Imān ʿAbdil-lāh ibn ʿAlawī al-Ḥaddād, *The Lives of Man*, The Quilliam Press, London, 1991.

Bayhaqī, Aḥmad ibn al-Ḥusayn, *Šuʿab al-Īmān*.

———, *al-Sunan al-Kubrā*, Dār al-Fikr, Beirut, n.d.

———, *Dalā'il al-Nubuwwa*.

Bujārī, Muḥammad ibn Ismāʿīl, *Ṣaḥīḥ*, al-Maktaba al-ʿAṣriyya, Beirut, 1411 AH/1991 CE.

Burleigh, Michael, *Death and Deliverance: Euthanasia in Germany, 1990–1945*, Cambridge University Press, Cambridge, 1994.

Ellis, Albert, *Reason and Emotion in Psychotherapy*, Citadel Press, New Yersey, 1962.

Al-Gazālī, Abū Ḥāmid, *Iḥyā' ʿUlūm al-Dīn*, al-Maktaba al-ʿAṣriyya, Beirut, 1417 AH/1996 CE.

Al-Ḥākim al-Nīsābūrī, *al-Mustadrak ʿalā al-Ṣaḥīḥayn*, Dār al-Kitāb al-ʿArabī, Beirut, 1990 CE.

Al-Haytamī, Ibn Ḥaŷar, *Maŷma' al-Zawā'id*, Dār al-Kutub al-'Ilmiyya, Beirut, 1408 AH/1988 CE.

Ibn Abī Ṣayba, *Musannaf*, al-Maktaba al-Imdadiyya, Meca, 1404 AH/1984 CE.

Ibn Ḥibbān, *Ṣaḥīḥ*, Mu'assasat al-Risāla, Beirut, 18 vols., 1997 3rd edition.

Ibn Kaṯīr, *Tafsīr*, 1/311, 587.

Kennedy, Paul, *The Rise and Fall of the Great Powers: Economic Change and Military Conflict 1500–2000*, Unwin Hyman Ltd, London, 1988.

Lawson, Annette, *Adultery: An Analysis of Love and Betrayal*, Basic Books, New York, 1987.

Ibn Māŷa, *Sunan*, Dār al-Fikr,, Beirut, n.d.

Imām Mālik, *al-Muwaṭṭa'*, Dār al-Kutub al-'Ilmiyya, Beirut, n.d.

Mullen, P. E., "*Jealousy: The Pathology of Passion*", British Journal of Psychiatry, 158 (1991), 598.

Al-Munḏirī, Zakī al-Dīn, *al-Targīb wal Tarhīb*, ed. Muṣṭafā 'Imāra, Beirut, 1406 AH.

Muslim, *Ṣaḥīḥ*, con comentario del Imām Nawawī, Dār al-Fikr, Beirut, n.d.

Nasā'ī , *Sunan*, Dār al-Kutub al-'Ilmiyya, Beirut, n.d.

Rogers, C. R., *Client Centred Theraphy*, Houghton-Mifflin, Boston, 1951.

———, "The Necessary and Sufficient Conditions of Therapeutic Personality Change", *Journal of Consultative Psychology*, 21 (1957).

Stearns, R. N., *Jealousy: The Evolution o an Emotion in American History*, New York University Press, New York, 1989.

Ṭabarānī, *al-Mu'ŷam al-Kabīr*, Maktabat al-'Ulūm wa'l-Ḥikam, Mosul, 20 vols., 1983 2nd editión.

Tirmidī, *Ŷāmi' al-Ṣaḥīḥ*, Dār al-Kutub al-'Ilmiyya, Beirut, 1408 AH/1987 CE.

Irvin Yalom, *The Theory and Practice of Group Psychotherapy*, Basic Books, New York, 1975 (2nd ed.).

Índice

A
ablución (*wuḍū'*), 158
Abū Bakr, califa,175
Adán, profeta
  como polo activo,51
  creación, 44
  Eva creada de su costilla, 153
aḏān, llamada a la oración, 79
adulterio
  leyes en contra, 118
  señal de la Hora, 98
agresión, 75
alma (*nafs*)
  definición, 69
  elementos y su armonización, 54
  incita mal (*al-nafs al-ammāra bi 'l-sū'*), 69
  reprocha (*al-nafs al-lawwāma*), 69
  serena (*al-nafs al-muṭma'inna*), 69
  superior al cuerpo, 53
Alī ibn Abī Ṭālib, 62
amamantar, 80
amor a Dios,74
'Amr ibn 'Absa, 175
Anas ibn Mālik, 174
ángel
  de la Muerte, 60,63
  de Proximidad, 64
  Gabriel, 46,47,56,147
  inspiraciones angelicales (*ilhāmāt*),74
  Israfil,46
  Miguel, 46
  Munkar, ángel en la tumba, 65
  Nakīr, ángel en la tumba, 65
  visitan en sueños, 82
animales
  creados en parejas 51
  espíritu de energía 69
  producción de carne,113
  sueños 86
  tendencias, 72
anticristo
  afirma ser Cristo, 185
  aparición, 123, 127
  atributo, 123
  hombre de oscuridad, 187
Arafāt, 138
Árbol del Loto, 43, 44, 45, 56
arquetipo
  Carl Jung, 89, 120, 126
  conocimiento Divino, 51, 88
  falsos arquetipos, 89
atrocidades
  cometidas por esta civilización, 126

musulmanes en la historia, 178
atributos de Dios,
como símbolos, 44
de belleza, 52
en parejas, 50
Esencia Divina, 88
misericordia de, 45
no se entienden literalmente, 44
austeridad, 141
autoestima, 138
Avicena, 34

B
baraka
definición, 48
relación con el tiempo, 56
resultado de una fe fuerte, 48
tiempos cargados, 57
belleza (*ŷamāl*)
atributo Divino, 44, 52, 133, 135
deriva de la misericordia, 133
el patrón universal, 89
induce esperanza, 135
paraíso, 68
pasiva, 52
Bilāl ibn Rabāḥ, 64
Bosnia, 179

C
Cálamo, 52
Califa Bien Guiado, 78, 93, 99
califato, 170
Califato Abasí, 166
caos y orden, 92
capa de ozono, 113
carácter
características que cambian, 78
clasificaciones, 139
inmutabilidad, 77
relación con la fe, 143
Casa del Poderío, 43
Casa populosa (*al-bayt al-maʿmūr*), 43
castigo, 74
castidad, 141
celos, 117, 118
Chernobil, 114
China, 164
Cielo Terrenal (*al-samāʾ al-dunyā*), 42,
Ciencia como religión, 121
cognición, 71
Compañeros
enseñados por el Profeta ﷺ, 174
encomendados con conocimiento, 91
preocupados por el Día del Juicio, 67
preparados para la muerte, 64
sus sueños, 86
virtudes adquiridas, 78
Compasión de Dios, 176
comportamiento
condicionado por factores, 75, 166
interacción interior, 77
conocimiento
de Dios, 133
de los Atributos de Dios, 135
desaparición, 98
extenderlo, 172
reducido al empírico, 110
revelado, 166, 187, 119, 143
serenidad ante la adversidad, 137
sinceridad, 143
tawḥīd, 144
Confianza en Dios, 139
contaminación por petróleo, 113
continencia, 140
Convención de Ginebra, 180
coraje, 44, 75, 140, 143
Corán
descendió en la Noche del Destino, 43
instrucciones, 61
interpretación de sueños, 85
luz, 47
marco de referencia, 145
menciona vida pre-terrenal, 61

para el que está muriendo, 158
recitación de hijos por sus padres, 150
recitado en las tumbas, 66
última escritura sagrada, 31
uso de símbolos, 87
corazón
amor de Dios, 135
centro de gravedad del alma, 54
dos dedos del Misericordioso, 44
purificación, 138
significado, 68
creación
Interconectada, 41
Parejas, 50-54
crisis de identidad, 119
cristianismo
imitación de los cristianos, 101
muerte, 110
sustituido por el psicoanálisis, 120
cronológica sucesión (*tatabuʿ zamānī*), 55
cruzadas, 178
cuerpo
relación con el alma, 53
relación con el espíritu, 63, 69, 71

D
Daniel, 85
deforestación, 112
demonios
peor tipo de genios, 48
sueño demoníaco, 83
derechos humanos, 125, 126
derechos parentesco, 148
deporte, 102
desequilibrio, 53, 112, 140
Día del Juicio
aproximación de la Hora, 92
intercesión del Profeta ﷺ, 66
puente (*Ṣirāṭ*), 66
signos mayores de la Hora, 104
signos menores de la Hora, 97, 98, 104
dignidad, 44, 101, 140, 141, 146
ḏikr, 166
dimensiones de existencia, 41–44
discriminación, 146
divorcio, 155
duración (*madda*), 55
durmientes de la cueva, 57

E
educación
de mujeres, 162
de niños, 80, 151
psicología, 120
religiosa abandonada, 162
efecto invernadero, 112
ego,
incita al mal, 69
males del ego, 170
predominio en el mundo moderno, 98
significado 69
sus trucos, 171
tendencias inferiores, 74
ŷihād mayor, 171
Einstein, 114
elementos de personalidad, 77
Ellis, Albert, 121
enfado, 73
enfermedad de la vaca loca, 113
enfermedad psicótica, 77
equilibrio, 140
eruditos
disminución del conocimiento, 95
falsos eruditos, 95
herederos de los Profetas, 95
resistiendo a Occidente, 31
su corrupción, 100
espectáculo, 102
escéptico, 121
esperanza (*raŷā'*), 135

espíritu (*al-rūḥ*),
descenso al embrión, 60
en la Suprema Compañía, 46
existencia pre-terrenal, 61
vínculo con el cuerpo, 63
espiritualidad,
civilización desconectada, 127
clasifica a la gente, 80
coexistía en armonía, 111
falsa espiritualidad, 120
principios, 133
pruebas, 122
uso de la palabra, 183
Estanque (de la otra vida), 67
etapas de la vida, 60
etapa de la vida terrenal, 62
etapa pre-terrenal de la vida, 60, 61, 62
ética de Trabajo, 160
eutanasia, 125
Eva, 51, 153
evolución, teoría, 121

F
Familia
elegir esposa, 79
fuerzas centrífugas, 54
padre cabeza de familia, 150
paternidad, 149
Faraón, 177
Fāṭima, 159
Fe
certeza, 141
enseñarla, 153
fuerza, 137
perfección, 143
relación con la modestia, 141
resultado, 48
Fenómenos naturales, 137
filosofía, 166
fiṭrā, 131
Freud, 120, 126, 166
fundamentalista, 32

G
Ganī, 134
Gazālī, Abū Ḥāmid, 34, 36, 68, 70, 75, 139
Gilligan, J., 124
gratitud, 135, 150
Griego, 166
Guerra
definición, 169
grupos renegados, 179
ley sagrada, 176
ŷihād, 169–172

H
hábitos, 80
Ḥaŷŷ
peregrinaje de Despedida del Profeta ﷺ, 58, 91, 154
realizado por familiares difuntos, 150
Hitler, Adolf, 125
Hoffman, Gerhard, 125
Humanidad
Comportamiento, 163
Decadencia, 105
Deshumanización,161
Destino, 59–67
Deterioro, 91–94
Invitada a someterse a Dios, 29
Necesidad de religión, 185
Posee la Revelación de Dios, 59
Pruebas en las escrituras, 42

I
Ibn ʿAbbās, 136
Ibn Sīnā, 34
Ibn Sīrīn, 85, 86
Ibrahim, profeta 43
Ignorancia
de la muerte, 157

miopía intelectual, 59
opuesto al conocimiento, 51
ʿIl-liyūn (la otra vida), 47
Imaginación
Mundo de Similitudes, 82
Opera con formas, 71
Reino Intermedio, 47
su naturaleza, 47
inconsciente colectivo, 89, 126
industrialización
autonomía financiera, 156
desarraiga a la gente, 115
infancia,
desarrolla la inteligencia, 80
Infierno
lejanía de Dios, 187
manifestación de Su rigor, 134
intelecto inspirado (*al-ʿaql al-mulham*), 70
intercesión, 67, 158
interpretación de sueños, 83
iqāma, comienzo de la oración, 79
Irlanda, 116

J
Jawāṭīr (pensamientos de tendencias inferiores), 74
Jawāriy (grupo renegado), 179
Jerome, Frank, 165
Jerusalén
masacre en las Cruzadas, 178
Viaje Nocturno, 56
Jesús, la paz con él, 60, 123, 185
José, la paz con él, 85
Jung, Carl, 89, 120, 126

K
Kaʿba
corazón del mundo, 88
dimensión material,43
Kennedy, Paul, 110

L
lamentar la muerte, 159
Lawḥ al-Maḥfūẓ (Tabla Preservda),51
Lawson, Annette, 124
Laylat al-Qadr (Noche del Destino), 43
leche, 80
lenguaje humano, 71
Ley sagrada (*šarīʿa*)
diferencias entre religiones,31
guerra, 169-180
musulmanes adhesión a ella, 94
olvidada por los gobernantes, 94
reglas con animales, 146
relación entre hombre y Creador, 31
se desvían de ella, 93
se ignora, 100
su observación, 30, 78, 93

libertad de albedrio, 122
libertad de expresión, 97
locura,
cubre la razón, 48
enfermedad, 164
inversión del éxtasis espiritual, 185
Luz
ablución (*wuḍū'*), 158
acciones que llegan al otro mundo, 65
creación de Dios, 41
divina, 68, 89
el corazón la irradia, 88
en la tumba, 47
paraíso,187
pilar hacia la Divina Presencia, 49

M
madurez
matrimonio, 151
espiritual, 61
etapa de vida, 62
magia, 166

Mahdī, 104, 105, 187
Majestad
  Atributo de Dios, 44, 50, 133, 134, 137
mal de ojo, 166
matrimonio
  dificultad, 154
  institución, 151–156
  prohibido con la misma nodriza, 80
  proteger la relación, 154
  razones para elegir esposa, 151
  tasa de matrimonio, 116
masas adoctrinamiento, 109
Meca, 43, 56, 82, 132
Medina, 9, 67, 82
mediocridad, 131, 132
medios de comunicación, 97, 100
Mensajeros, 31
Milosevic, 125
modales, 80, 147, 171
modernismo, 118
modernización
  deshumaniza, 161
  deterioro del hombre moderno, 31, 59
  ideas modernas, 186
  papel de la mujer, 116
modestia, 141
Moisés, 177
motivación, 70
Muʿaḏ ibn Ŷabal, 64
Muʿāwiya, 175
muerte
  aversión a, 104
  horror a ella, 157
  muerte del cónyuge, 159
  muerte menor, 60
  paso a otra vida, 63
  preferirla, 92
  proceso doloroso, 64
  salida de este mundo, 42
  se experimenta el reino invisible, 46
  su explicación, 157–160
  su recuerdo, 157
  visitar los cementerios, 157
Muḥammad ﷺ
  comparado con la luna llena, 89
  compromiso a los profetas, 61
  intercesión, 67, 158
  Peregrinaje de Despedida, 58, 91, 154
  Sello de la Profecía, 61
  verlo en sueños, 83
  Viaje Nocturno, 56
Mugnī, al- (Nombre Divino), 134
mujeres
  buen trato, 153
  dicotomía activa/pasiva, 52
  paradigmas occidentales, 124
  su papel, 116
Mullen, P. E., 117
Mundo de la imaginación (*ʿālam al-jaŷāl*), 47
Mundo de Similitudes (*ʿālam al-miṯāl*), 47
Musulmanes
  Ante la adversidad, 137
  Con formas del Occidente, 32, 100
  Depositarios de la Revelación, 31
  Un solo cuerpo, 146
  Útil a su comunidad, 161
Muŷīb, al- (Nombre Divino), 134

N
nacimiento
  dimensión material, 59
  llamar el aḏān, 79
nacionalismo, 173
naturaleza, contaminación 112
nobleza, 81, 93, 140
normas, 131

O
Occidente
alteración social, 116
aspectos benevolentes, 111
brutal irrupción en el islam, 31
civilización degenerada, 127
educación occidental, 34
monstruo hipertrofiado, 111
normas, 131
nuevos sistemas, 114
reacción del mundo Islámico, 32
relaciones extramatrimoniales, 124
orden, 92
orgullo, 81, 141
oscuridad y luz, 187

P
paraíso
paraíso perdido, 121
paraíso real, 121
proximidad de Dios, 187
parejas, 50-54
paternidad, 149
paz, saludos, 147
perfección
de Atributos de Dios, 52
del comportamiento humano, 131
de Dios, 89,135
placer, búsqueda, 69, 72, 74, 116
poder político
gobernantes, 92
depredadores, 81
deterioro del gobierno, 92–95
liderazgo político, 99
poligamia, 155
prevención de enfermedades, 164
productividad, 160
prominencia social, 81
Profetas
de acuerdo con el Profeta Muḥammad ﷺ, 61
en oración por el Profeta Muḥammad ﷺ, 56
en sueños, 82
eruditos son sus herederos, 95
retrasan el deterioro, 30
sufren dificultades grandes, 137
sus espíritus, 46
psicología, 119, 120
psicoterapia islámica, 163–167

Q
Qalam (el cálamo), 51

R
Rabb (Nombre Divino), 185
Raḥīm, al- (Nombre Divino), 134
Raḥmān, al- (Nombre Divino), 133, 134
Raḥmāniyya, 45
Reino Intermedio (*al-Barzaj*)
libertad relativa, 42
morada de los espíritus, 46
relación con el alma, 184
relación con sueños, 82
tercera etapa de la vida, 65
Razzāq, (Nombre Divino), 134
razón, 70
relaciones
dualidad, 51
hombre y Creador, 31
homosexualidad, 124
horizontales y verticales, 52
infidelidad, 117
lazos familiares, 96
madre y nuera, 149
matrimonial, 152
sexualidad entre cónyuges, 156
virginidad, 124
religión
como superstición, 124
esplendor y ocaso, 96
nacimiento y muerte, 30

renovadores de la religión, 105
se debilitan, 30,91
respeto de mayores, 147
Revelación
Corán revelado, 31, 43
Islam la última, 30
para la humanidad, 59, 133, 184
Pruebas de las escrituras, 42
rigor divino, 137, 138
Rogers, Carl, 165
ruwaybida, 97

S
Sabiduría
ciencia divorciada de ella, 115
de profetas y sabios, 124
sabiduría Divina, 136
tesoro de los musulmanes, 31
virtud básica, 140
Salaḥadin, 105
Salmān de Persia, 64
santos
presencia atenuante, 49
Satanás
demonios, 48
desobedecen, 44
fuerzas del mal, 89
insinuaciones (*waswās*), 73, 184
se niega su existencia, 127
ven a la gente, 50
sinceridad, 144, 145
Siŷŷīn, morada de hipócritas, 47
Sociedad
degeneración, 127
obsesión de consumo, 160
sociedad moderna, 116
sociedad desorganizada, 119
sociedad occidental, 118
simpatía espontánea, 62
Stalin, 125
Stearns, R. N., 118
sueños
angelical, 82
demoníaco, 83
interpretación, 83, 86
ordinario, 83
significados abstractos, 47
variación del tiempo, 57
ver en sueños al Profeta ﷺ, 83
visiones (*ru'yā*), 82
su naturaleza, 47
suicidio, 116
Sunna
definición, 61
la norma en el islam, 131
marco de referencia, 145
modelo basado en ella, 164
su patrón, 76
superioridad verdadera, 132
vestir, 101

T
Tabla Preservada (*al-Lawḥ al-Maḥfūẓ*), 51
tawḥīd
dignidad del musulmán, 140
sinceridad, 144
su ciencia, 133
unidad interna, 54
tecnología, 111, 161
televisión, 109, 114
temperamento, 78
Terapia Racional Emotiva, 121
terrorismo, 176, 177
Trono, Divino
acciones ascienden a él, 49
ángeles portadores, 46
ángeles y espíritus lo circunvalan, 88
atributo de Misericordia Total, 45
descripción, 45, 46
posición en el universo, 43
sueños, 82
tiempo (*samán*), 55

tiranos, 93
turbante, 101

U
Uḥud
  sus mártires, 65
ʿUmar ibn al-Jaṭṭāb, 62
Universo
  dimensiones, 41
urbanización, 116
usura, 96

V
Valores
  Sociales, 145
vejez, 62, 105
velo islámico, 116
velos,187
vestimenta, 101, 102
virtudes y vicios, 139

Y
Yā Sīn, recitación, 64
Ŷihād,
  abandono, 104
  definición, 169
  tipos, 89
  rango, 149
ŷinn, genios, 48, 72, 166

Z
zodíaco, 78

www.ingramcontent.com/pod-product-compliance
Lightning Source LLC
Chambersburg PA
CBHW030053100526
44591CB00008B/130
* 9 7 8 1 9 3 9 2 5 6 0 3 4 *